聖教文庫――G78

世界市民の対話

平和と人間と国連をめぐって

ノーマン・カズンズ／池田大作著

一、本書は、著者の了解を得て、毎日新聞社発行の単行本および聖教新聞社発行『池田大作全集　第十四巻』に収められた「世界市民の対話」を収録したものです。

一、難しいと思われる語句に（＊）を付し、節の末尾に説明を加えました。

一、『新編・日蓮大聖人御書全集』（創価学会版）からの引用は（御書　ジ⁻）で示しました。

一、本文中の肩書き、時節等については、原版のままにしました。

——編集部

まえがき

ノーマン・カズンズ

どんな問題だろうと、思考の入り込めない問題はない、と考えるのを哲学者ヘーゲルは好みました。これは心を励《はげ》ましてくれます。しかしヘーゲルが生きていたのは、同時代史を吟味《ぎんみ》してみるという問題が、進歩の加速度にまだ打ち壊《こわ》され、打ち砕《くだ》かれなかった時代でした。

以来、数十年間のなかに、それまでの人類の年代記に、まま見られたのよりも大きな変化と大きい進歩、人間の精神のはげしい動転《どうてん》と臓腑《ぞうふ》のはげしい反転《はんてん》が圧縮《あっしゅく》されてきました。つまり歴史の新陳代謝《しんちんたいしゃ》が狂暴《きょうぼう》になってしまったのです。

この地上に人類が存在してきた時間を、仮《かり》に一時間とすれば、文明期は十四秒に相当するだろう、というのはすでに言いふるされたことです。人類が最も成功をおさめ、最も危険を生じさせたのは、こういった時制《じせい》における最後の二秒間のことにすぎません。

したがって地上における、われわれ自身の時間に関して最も意味深いのは、変化の規模ではなく、変化の速度です。加速した人間の速力と機動性《きどうせい》によって測《はか》ると人間の脚《あし》は、一世代前よりも四十倍長いといえるでしょう。

ここ一世紀の間に人間は、使用しうるエネルギーを従来の二千五百年間よりも大量に開発しました。そして加速度の増大がつづくのですが、これはことに現在の科学者の数が、有史以来、一九二〇年までに存在した科学者の総数を上回っているという事実を反映しています。

加速現象は、人間が物事を観察し理解する能力をそこなっただけではありません。それ以上に、方向感覚の喪失《そうしつ》という傾向を招《まね》きました。つまり時間と場所に人間が自分自身を位置づけるのを可能にする生命の平衡《へいこう》感覚を錯乱《さくらん》させたのです。

二十世紀のいわば遠心分離器《えんしんぶんりき》の中にあって、人間はきりきり舞《ま》いをしながら、自分自身の存在態《たい》の中心から遠ざかりつつあります。こうして遠ざかれば遠ざかるほど、自身を観《み》る眼《め》も、自分の可能性を確かめる眼も、群集《ぐんしゅう》のなかで人々との関係を見定める眼も、かすんできます。このような分離は、場所に対する身体の分離だけではなく、知性に対する理性の分離となっています。

加速と人間の懸念《けねん》の連鎖性《れんさせい》は、これまで種々に観察され、立証されてもきました。と同じことが、コンピューター化と、その傾向たる人間の個性の脱色化《だつしょくか》についても言えます。それにくらべると、加速が究極的《きゅうきょくてき》には不遜《ふそん》を招《まね》くということは、まだ十分に認識《にんしき》されず、吟味《ぎんみ》されていません。動作を速める人々は、地理的には地面を網羅《もうら》しますが、いずこにも寄《よ》る辺《べ》がありません。諸価値《しょかち》は漫然《まんぜん》とした性質をおびるばかりです。相互性の分離は、事物の歪曲化《わいきょくか》に向かい、軽視のもとたる無知に逆戻《ぎゃくもど》りします。これは、たんに諸価値の排斥《はいせき》という問題にとどまりません。さらには諸価値を生じさせる事物から分離していくという問題にもなっています。

もちろん、不遜がすべて悪いのではありません。なかには難題にいどむ不遜も、偽善《ぎぜん》の厚化粧《あつげしょう》をはがしてしまう不遜も、生命を軽《かろ》んじる企《くわだ》てには憤然《ふんぜん》と怒《いか》りをあらわにする不遜もあり、これらはそれ自体が、諸価値の存在を主張するのと同義です。

けれども、われわれの時代における不遜《ふそん》の主流は、これらとはまったく異質《いしつ》のものだといわねばなりません。それは諸価値《しょかち》を否定し、酷薄《こくはく》、かつ反人間的で、根本的に生命自体とは反対の方向に向かいます。

これらの現象は、歴史上のとある急転回のゆえに起きたのではありません。そうではなくて、特殊な原因からじかに生じたのです。ある優勢《ゆうせい》な一主題を反映するものであり、その一部なのです。その主題とは、科学的英知のいうなれば噴火《ふんか》であり、これが熱《あつ》い溶岩《ようがん》を人間の地所《じしょ》のあたり一面に、とりわけ国家の構造上に吐《は》き出しています。

国家は、かつて個人にとっては多義的《たぎてき》な意味がありましたが、そのおおかたの意味は他の部族に対するわが部族の保護、および内なる無秩序《むちつじょ》に対する防御《ぼうぎょ》にありました。この保守は、外からの攻撃にそなえるにせよ、内からの攻撃を防ぐにせよ、武力を要しました。

ところが加速から突如《とつじょ》として、国家のすべてを変えてしまう新たな武力が出現したのです。しかし根本的変化が生じたという国家の自覚は、この新たな武力の出現にともなっていません。この変化のなかで個人は自分を守ってくれるものを失いました。この新たな武力（核兵器力）は全体的、壊滅的《かいめつてき》、自殺的です。もはや戦争の遂行《すいこう》可能性は時代遅れになりましたが、戦争の慣行《かんこう》と、戦争を招《まね》く状況は無変化のままです。

一般に原子力を用いると、いかなる使途《しと》であれ、生命を存続可能にする自然環境が壊滅しかねないことぐらいは、核兵器の保有国もわきまえてはいるでしょう。なれど各国は、必要とあらば黙示録的終末《もくしろくてきしゅうまつ》を迎えるのも辞《じ》さぬ、という度胸《どきょう》などないだろうと他国に思われるのを恐《おそ》れています。ゆえに各国は、自国の死活《しかつ》にかかわる利益を守るためには、総力を行使《こうし》する覚悟《かくご》のあることを明らかにしてきました。しかし、総力を行使すれば、死活にかかわる国益も、他のいっさいともども台無《だいな》しになってしまうでしょう。

ゆえに加速は究極《きゅうきょく》のところ、生命を浮《う》き世《よ》の仮《かり》のものにする結果になっています。仮のものにすぎない生命は軽《かろ》んじられやすい。人類の防衛水準が、火を吐《は》くガスバーナーに対する昆虫《こんちゅう》の防衛水準なみに堕《だ》している時代にあって、いったい生きるとは何を意味するのか。哲学者の語彙集《ごいしゅう》で最も祭りあげられているのは「人間の尊厳《そんげん》」という成句《せいく》ですが、その「尊厳《そんげん》」とは、政治的な憲章や宣言にのみ依拠《いきょ》するものではありません。「尊厳」はまた「連帯」をも意味するはずです。すなわち生命を無限に尊《とうと》ぶ道義的《どうぎてき》協定を意味するはずです。

指先でボタンを押すと、十億の人間を火に焼くことができ、目くばせの合図ひとつで何トンもの病原菌《びょうげんきん》をばらまけることが周知《しゅうち》の時代にあって、生命への畏敬《いけい》はいかほど可能か、人間がおのれ自身を訓練すればがまんできる痛々《いたいた》しい世界、だが狂人《きょうじん》の気まぐれで火葬場にも伝染病棟《でんせんびょうとう》にもなりはてる世界、――これこそ人間の尊厳それ自体も、生命への畏敬をも奪《うば》いさる大盗賊《だいとうぞく》です。

人間と社会は相互にたえず作用しあう状態にあります。国家が文明を蒸発《じょうはつ》させるような時代に人間が身に体するのは、本来、人間がその一部たる全生物の特性です。そうなると人間は、意識的な決定の水準において反応する必要がなくなり、そこでは人間の生命の脆弱性《ぜいじゃくせい》と独自性をもはや十分に理解することのない環境を、人間自身が投《とう》影《えい》しうるのみでしょう。

問題と取り組むにあたり不可欠な第一歩は、いかなる取り組み方であれ、「加速」

を定義づけるよりも、むしろ「人間」自身を定義づけることです。人間がより完全になれるという観念が否定されるなら、その場合は、人間がみずから猛烈《もうれつ》に回転させた車輪《しゃりん》の中でこなごなになるのは、もはや時間の問題にすぎないかもしれません。

　しかし人間の独自性とは、かつて一度も考えたことのないものを考える能力であると定義づけるなら、その場合は、「加速」を恐怖《きょうふ》の種をはらまぬものへと転換《てんかん》できるはずです。人間が当面してきた難題は、物事をなすこと自体ではなく、いかなる物事をなすかを選択《せんたく》することにありました。究極《きゅうきょく》の試金石《しきんせき》は、技術にではなく、目的と希《き》求《きゅう》にあるといえるでしょう。

　人間はすでに自然を改造《かいぞう》しました。そうした人間でもおのれ自身の改造はできぬ、と言わねばならないでしょうか。おのれが居住する惑星《わくせい》の引力圏外にまでおのれ自身を打ち上げる能力のあることを顕示《けんじ》した生物でも、理性的な未来を案出《あんしゅつ》するにおいては、おのれの望みを高めえないにちがいないと頑《かたく》なに考えるのは、筋《すじ》の通ることでしょうか。現在の場《ば》当《あ》たり主義が行き着く先を自覚し、その末路《まつろ》をさけたいとする希求に達すれば、そのときこそ「加速の時代」は「調和の時代」にいたれるはずです。

このような状況のなかにあっても、希望は「人間」の定義を拡大していくところにあります。これは神の苛立《いらだ》ちを認識《にんしき》するとか、いよいよ時間切れになるまえにはもう一分猶予《ゆうよ》があるといった通念《つうねん》などには、およびもつかぬものです。今日《こんにち》の希望は、じつはこれこそが唯一の希望かもしれませんが、明快《めいかい》に発言し意思をかわしあう市民が世界中に輩出《はいしゅつ》するところにこそありうるでしょう。この市民が求め、行為として表すものが、彼の所属する国家の政府にはいよいよ重要になるでしょう。

いよいよ個人がその主体性を発揮《はっき》すべき存在になったのです。洞察《どうさつ》と感覚を駆使《くし》して思いをめぐらし、抗議《こうぎ》し、一人でも行動を起こし、創造《そうぞう》し、建設し、危機を回避《かいひ》し、未来を希求《ききゅう》する個人こそが、国家の当局者にとっても、かつてなく重要な存在になってきたのです。

ゆえに問題は、人間が地上における自己の滞在《たいざい》を延期《えんき》し、荘厳《そうごん》ならしめることができるか否《いな》かではありません。まさに問題は、こういう目的を達成する主体的な力が、そして義務が人間自身にあることを、人間自身が認識するか否かです。

いずこにも存在し、さまざまな思惑《おもわく》をもって、まちまちの体制下に生活している庶民が、地上における安全と良識を求めるにおいては異口同音《いくどうおん》なのだと、ある日突然に悟《さと》るとしたら、そうさせるのは何であるのか。して次に、何を発言すべきか。そしてこの発言を聞き捨《ず》てにしないのは、だれか。

この三つの問いの第一については、たしかに国境線があり、おたがいに争っているイデオロギー体制があります。にもかかわらず、今日《こんにち》の世界における主たる対決は国境線もイデオロギーの分岐点《ぶんきてん》も超《こ》えていくものです。究極的《きゅうきょくてき》な分裂《ぶんれつ》は、社会間ではなくて、社会内に生じます。一方の側は「加速」の意味を理解するか感得《かんとく》するかして、人類の間には多様《たよう》な違いがあるにもかかわらず、人間同士の新たな結びつきを創出《そうしゅつ》せねばならないことを看取《かんしゅ》し、人類都市に奉仕《ほうし》しうる普遍的《ふへんてき》組織の建設に向かってほとんど本能的に行動していく人々です。それと対立する側は分離主義、集団エゴの永久保存、部族戦争の陣地《じんち》の守備、区画化の利益という立場で、物事を考える人々です。

庶民の声と重みがその真価《しんか》を発揮《はっき》していくのは、この最大の対決のなかからでしょう。今、庶民が必要としているのは、自分の感じること、言いたいことが全世界の前進に寄与《きよ》するという確信のもてる励《はげ》ましです。そして文業《ぶんぎょう》の人士《じんし》が、ことに小説家と詩人と劇作家が、絶好《ぜっこう》の機会にあずかるのは、まさにここにおいてです。われわれが何も学ばなかったにせよ、詩人と芸術家の発想《はっそう》は、それ以外のすべてが達しえなかった領野《りょうや》にも浸透《しんとう》しうるということなら、われわれも承知しているでしょう。ゆえに問題は、平凡人たる庶民が境遇《きょうぐう》や立場の違いにかかわらず、感応《かんのう》しうるか否《いな》かではなく、感応を呼び起こさせる者がいるか否かということです。

次に第二の問いについては、法に従《したが》う人類社会を求めてやまぬ叫びが世界中に高まるなら、それにこしたことはなく、ひかえめに言っても、心はずむことでしょう。これは、来《きた》る二十四時間内に起こりそうもありません。なれど必要なのは、関心を赤裸《せきら》に表明することとです。地球にはしかるべき安全を、諸国家間の取引には無法《むほう》ではなく法の確立を、人類家族にはさらに自由な相互交流を――という訴《うった》えを十分な数の人々が素朴《そぼく》な言葉であろうと訴えぬいていけば、その言論には根源的《こんげんてき》で巨大な力があります。

そして第三の問いについては、いかなる孤立《こりつ》した専制《せんせい》政府だろうと独裁《どくさい》体制だろうと、今日《こんにち》にあっては、庶民の心の動向《どうこう》に関心をもたずにはおれません。なるほど他の国家とくらべれば、民衆の声をうとんじる国家が一部にはあります。しかし、切迫《せっぱく》した問題に関しては、あらゆる国家が民衆の声を無視できなくなっています。

混乱と不遜《ふそん》を生みだした進歩の加速度、それと同じ加速度が、今度は人間がいまや短期間内に達成しなければならない目標を短期間内に達成するにつけては、自信をもたらしえます。それがまた、ほとんど無限なる多様性《たようせい》を包含《ほうがん》した答えを見いだすにつけても、人間の英知の到達力《とうたつりょく》に関して人間に自信をもたらしうるでしょう。真の進歩は、加速を排除《はいじょ》するところにあるのではなく、心のさまざまな可能性を正しく尊重していくところにあるものです。

末尾《まつび》になりましたが、多忙な日々のなかにあって、対談の進行にねばり強い努力をかさねてくださった創価学会インタナショナル（ＳＧＩ）の池田大作会長に、厚く御礼を申し上げるしだいです。

目　次

まえがき　ノーマン・カズンズ……3

Ⅰ　人間が連帯する平和の橋

第一章　ヒロシマの世界化……25

初の出会いから　27
〝被爆乙女〟への思い　34
ヒロシマ・その運命的瞬間　39

人間の生きぬく意志と力 43
広島市長のメッセージ 47
未来に生きる青年たち 54
民衆の絶えざる応戦 59

第二章 平和教育の眼目……65

教育の基本に平和学を 67
「世界市民」意識の育成 69
人間の尊厳を重視 73
「差異」を超える思考法 78
際限ない人間の可能性 83
分断から調和の時代へ 89

第三章 「希望」の哲学を語る……97
「楽観主義」と「悲観主義」 99
本質的に悲劇の時代 103
人間の内面に豊かな水脈 107
〝宇宙空間から地球を眺める〟 115
決定論でなく可能性の追求を 118
第四章 首脳会談と民間外交……121
「人類」という発想に立ち 123
「国家の顔」から「人間の顔」へ 131
比重高まる民間外交 135
対話がもたらす信頼関係 144

民間の英知の創造的反映 152
第五章 コンピューター社会と詩心……155
「目に見えないもの」の尊さ 157
深層心理と仏法の知見 161
言論の蘇生、感性の重視 166
情報化社会に対応するには 171
質的差異への視点 176
技師と詩人の協力 179

Ⅱ 国連——その改革強化への道

第一章 「世界市民」意識の確立へ……187

相互理解による安全保障へと転換　189
「不戦」倫理の確立　195
国家主権の絶対性に制限を　198
「希望の議会」「人類の議会」への道　202
警察力をいかにそなえるか　207
第二章　世界連邦へのアプローチ……213
時代の潮流は平和共存に　215
核エネルギー管理の構想　219
考えられる三つの形態　225
バランスとれた統合体を実現　233
第三章　「部分」と「全体」の調和……235

超克すべき「国家悪」 237
第三世界諸国の発展と安定化 241
「多国間援助」の進展に向けて 244
地域差とりいれた「二元的連邦制」 249
世界観の変革を粘り強く 255

第四章 迫られる「国家観」の変革……259

国際政治の現場に立って 261
「閉ざされた意識」を脱却 264
「国際法」から「世界法」へ 270
正義と公正さの世界 275

第五章　人類共同体に仕える競争……281
「平和憲法」の意義　283
世界世論という勢力の台頭　290
「第三世代」の人権思想　296
「絶対主権」を超える構想　301
結語に代えて　306
あとがき　池田大作……311

Ⅰ　人間が連帯する平和の橋

第一章　ヒロシマの世界化

初の出会いから

池田　教授とこのように親しくお会いできて、私は人生の一ページをかざることができた思いです。心から感謝しております。

カズンズ　私も胸がいっぱいです。お会いできて、本当に光栄《こうえい》に思っております。

池田　教授のご著作は、たいへん印象深く読ませていただきました。また〝アメリカの良心〟としてのご活躍、そして卓越《たくえつ》したご人格も、よくうかがっております。

カズンズ　私もトインビー博士*との対談集、またペッチェイ博士*との対談集を読ませていただきました。私どもの時代の非常に重要なテーマが広範囲《こうはんい》に取り上げられていて、たいへん啓発的《けいはつてき》な本ですね。私としては、これ以上つけくわえることはないという思いです。本当にお会いできてうれしく思います。

池田　深いご理解、そしてあたたかい励《はげ》ましの言葉、かさねて感謝します。教授の体験、思想、哲学、理念というものが日本においても徐々に深く伝わりつつあると、私自身、強く感じております。また、それが時代の要請《ようせい》でもあります。
とくに教授のご著作を拝見し、生死の問題を乗り越えながらの深い思索《しさく》、体験上の示唆《しさ》には、人間の可能性の精髄《せいずい》を照《て》らす光を感じとることができました。

カズンズ　それは、おそれいります。

池田　現在は「精神の空白《くうはく》」の時代といわれます。それだけに、青年たちは新たな哲学、新たな人生の指針を求めてもいます。教授は今、教育の現場で学生たちの指導にあたっておられます。この対談も、そうした若い人々に示唆を与えるようなものにしたいと願っています。

カズンズ　そのことで、思い出すことがあります。数日前のことです。大学の病院に狂《くる》った男が侵入《しんにゅう》し、銃を乱射《らんしゃ》しました。それで、若い女性が死亡、一人の青年が重《じゅう》傷《しょう》を負《お》いました。その友人たちは、この悲劇《ひげき》に接して、暗澹《あんたん》たる思いにかられたにちがいありません。この世に神はあるのか、人生の意味は何なのか、なぜこんなことが起きねばならないのか――と。

池田　よくわかります。

カズンズ　人生には、さまざまな孤独《こどく》のかたちがあります。しかし、このような悲劇《ひげき》をまえにして、深刻《しんこく》な疑問が生じてきても、答えがまったく見あたらないのでは、それ以上に深い孤独はありますまい。

池田　それは真実です。しかし、そこで虚無的《きょむてき》になってしまうのか、それとも、悲しみを乗り越えて立ち上がるか。そこに人生の分かれ道があります。

カズンズ　そのとおりです。人間の最大の悲劇《ひげき》とは何か。それは、死そのものではない。肉体は生きていても、自分の内面で大切な何かが死んでいく――この〝生きながらの死〟こそ悲劇です。このことを、私たちはもう一度、確認《かくにん》しあう必要があります。

人間として生まれてきたからには、だれにも共通した、尊《とうと》い使命があります。それは、人間を信じ、信頼しあうことではないでしょうか。たとえ、どうしようもない悲劇に直面し、悩み苦しんで人生の意味を見失ったとしても、人間を信じるという、人間本来のあり方は、絶対に忘れてほしくない。

〝いのち〟という、かけがえのない実在《じつざい》――それをどこまでも肯定《こうてい》し、大切にして

いく。他の人の人生を、感情を、絶対に否定しない。無上《むじょう》のものとして認《みと》めあってい
く――人間として最も尊《とうと》い、この信頼の心だけは放棄《ほうき》してはならぬ。青年たちに私が
望むのは、その一点です。

池田 私も同じ思いです。そうした教授のお考えには、生命の尊厳《そんげん》を説《と》いた仏法の教
えと通底《つうてい》するものがあります。現代人にとって、最も大切な視点が、ここに示されて
いると思えてなりません。

かつてトインビー博士と対談したときですが、私は博士から多くの教えを受けまし
た。対談を終えるさい「私はトインビー教室の一学生として、卒業できますか」(笑
い)とうかがった。すると博士は「最優秀の学生です」と、笑顔で答えられたのが忘
れられません。

このたびは、カズンズ教授から多くのことを学ばせていただきます。その意味で、
私は教授の学生の一人と思っています。

またこの前(一九八九年十月)は、創価学会インタナショナル(SGI)がニューヨ
ークの国連本部で開催した第一回の「戦争と平和」展にご支援をいただき、御礼申し

上げます。

この展示会のために「ニューヨーク・タイムズ」（一九八九年十月二十二日付日曜版）にのせた意見広告に、＊すばらしいメッセージを寄せていただき、ありがとうございました。力強いアピールに、たいへん励《はげ》まされました。

カズンズ　それは恐縮《きょうしゅく》です。何らかの応援をさせていただければ、と考えていたものですから。

池田　ところで一九九〇年は、世界にとって大きな分岐点《ぶんきてん》の年ではないかという気がしてなりません。八〇年代は、劇的《げきてき》な＊ベルリンの壁《かべ》の開放、東欧諸国の急激な民主化、また米ソ両大国の東西＊冷戦《れいせん》終結宣言で幕《まく》を閉《と》じました。人類は今こそ、二十一世紀という新しい「平和の世紀」へ向かう本格的な準備をすべき段階に入っています。

その意味で、平和のために行動し、発言されてきた教授と、これから対話を進めていくことに大きな意義を感じております。

カズンズ　私もまったく同じ気持ちでおります。

トインビー（一八八九年—一九七五年）　イギリスの歴史家、文明批評家。その著『歴史の研究』（全十二巻）は、人類史上の二十一の文明を比較研究した壮大なもので、新しい歴史学への道をひらいた。池田SGI会長との対談集『二十一世紀への対話』は『池田大作全集　第三巻』および本文庫に収録。海外では『生への選択《せんたく》』の書名で二十四言語に翻訳、出版されている。

ペッチェイ（一九〇八年—八四年）　イタリア生まれ。第二次世界大戦ではレジスタンス運動に参加。オリベッティ社社長をへて、六八年に世界の経営者、学者に「人類の危機」を訴《うった》え、その研究、提案《ていあん》グループである「ローマクラブ」を創設《そうせつ》。対談集『二十一世紀への警鐘《けいしょう》』は一九八四年に発刊された。

「戦争と平和」展　二つの世界大戦、核の脅威《きょうい》、そして死者二千万人と推定される地域紛争《ふんそう》という、「戦争と暴力」の二十世紀を回顧《かいこ》しつつ、二十一世紀へ向かう人類と地球の課題《かだい》（環境・難民問題等）を写真パネル・図表などで展示。一九八九年十月のニューヨーク国連本部での開催を皮切りに、九四年三月まで、日本をはじめ五カ国十三都市を巡回、約三十二万人が観賞している。

すばらしいメッセージ　カズンズ氏は同展に賛同《さんどう》する声を世界の五人の識者とともに寄

せ、その中で「国家間の無秩序《むちつじょ》状態に終止符《しゅうしふ》を打ち、人類家族の一員としてふるまおうとする人々の要求が増大している」と指摘《してき》し、「こんにち、人々の心が転換《てんかん》しつつあることに注目しなければならない」と述べている。

ベルリンの壁　東西ベルリンを隔《へだ》てる総延長百六十五キロにおよぶ〝コンクリートの壁《かべ》〟。東西間の冷戦《れいせん》により一九六一年八月に構築《こうちく》されたが、冷戦の終結や東欧の民主化の流れのなかで八九年十一月九日、二十八年ぶりに開放。

東西冷戦終結宣言　核戦争の否定、核軍縮《ぐんしゅく》などソ連外交を大きく転換《てんかん》する「新思考《しんしこう》」政策を推進するゴルバチョフ書記長とレーガン米大統領とのあいだで、一九八七年から米ソ首脳《しゅのう》会議が定期的にもたれた。二年後に地中海のマルタ沖で、ブッシュ米大統領、同書記長とが会見し、米ソの軍事的対立状況が消滅したことを確認《かくにん》、冷戦《れいせん》の終結を宣言した。

〝被爆乙女〟への思い

池田 カズンズ教授といえば、まず広島との深い関係が思い起こされます。それは『ある編集者のオデッセイ——サタデー・レヴューとわたし』*（松田銑訳、早川書房）にくわしく記されています。

しかし、この対談の読者には、おそらく戦後生まれの人も多く、教授と広島との関係について、あまり知識がないかもしれません。そこで、はじめに教授と広島のかかわりについて、語っていただければと思います。

カズンズ 一九四九年（昭和二十四年）のことですが、当時、私が編集長をしておりました「サタデー・レヴュー」誌は広島の〝原爆孤児《げんばくこじ》〟を「里子《さとご》」にする制度を生みだし、四百人の孤児のお世話をしました。

池田 覚《おぼ》えております。当時、ずいぶん話題になりました。

カズンズ 「サタデー・レヴュー」の記事を読んで賛同《さんどう》したアメリカの「里親」の人

たちは、里子《さとご》になった孤児《こじ》や、孤児院の院長と手紙のやりとりをしたり、孤児院への寄付や、特別の教育、訓練がほどこせるように援助をしたわけです。
池田　四九年といえば、ようやく広島が原爆《げんばく》の惨禍《さんか》から立ち上がろうとしていたころです。そのとき、教育援助という点に着目《ちゃくもく》され、真心にあふれた支援をしてくださった。今、振り返ってみても、そのあたたかい心と国境を越えた行動に、日本人の一人として、あらためて感謝申し上げたい気持ちでおります。また「サタデー・レヴュー」は広島と長崎で、医学治療関係のプロジェクトを進めたとも聞いております。
カズンズ　その主要なものは被爆《ひばく》した若い女性に治療をほどこすもので、この事業は一九五三年（昭和二十八年）に始まり、四年間かかりました。
池田　その治療のために、彼女たちをアメリカに招《まね》かれましたね。
カズンズ　きっかけは五三年八月に、妻といっしょに広島を訪《おとず》れ、被爆した彼女たちに直接会ったことです。そうして彼女たちがアメリカで、最新の形成外科手術《けいせいげかしゅじゅつ》を受ける必要があることを知りました。当時、その手術は日本では不可能でした。
　これが、広島の〝被爆乙女《おとめ》〟をささえるプロジェクトの始まりでしたが、彼女たちの手術《しゅじゅつ》が実現するまでには、それから二年の歳月を要しました。

池田　戦後、多くの日本人が励《はげ》まされ、また勇気づけられたニュースでした。一人のアメリカ人の良心の発露《はつろ》があったればこそと思います。

しかし、民間人の自発的な運動として進められたのですから、実現までにはずいぶんご苦労されたでしょう。

カズンズ　紆余曲折《うよきょくせつ》はありました。医療の面は、私の友人で主治医《しゅじい》だったウィリアム・M・ヒッツィグ博士の尽力《じんりょく》で、ニューヨークのマウント・サイナイ病院が引き受けてくれることになりました。アメリカまでの往復旅費の問題もなかなかたいへんでしたが、往路《おうろ》はアメリカ空軍が、帰路《きろ》はパンアメリカン航空が引き受けてくれることになり、解決しました。

今でも目に浮《う》かびますが、五五年五月九日、飛行機がニューヨークに到着しました。季節はずれの厳《きび》しい寒さで、タラップから降《お》りてきた二十五人の女性たちが、不安な顔をして黙《だま》ってかたまっていたのを思い出します。

池田　みんなの気持ちは痛《いた》いほどわかる気がします。娘さんたちを送り出されたご両親も心配されたと思います。

カズンズ　でも、そうした不安を乗り越えて、彼女たちは立派に親善交流の役割も果《は》たしたのではないかと、私は思っております。

私たちが交流プログラムに参加するようアメリカの病院に呼びかけたわけですが、どの町でも、彼女たちは町の人々に愛されました。彼女たちも、アメリカの家庭に逗《とう》留《りゅう》し、英語を熱心に学び、すすんで人々と交流の輪《わ》を広げました。そうして闘病《とうびょう》生活のなかで、看護《かんご》助手《じょしゅ》の特別コースを修了《しゅうりょう》するなど、さまざまな〝勝利〟の実証を示したのです。

池田　戦後の日米民間交流史の一章をかざる出来事でしたね。今、教授は〝勝利〟という表現を使われましたが、その体験は米国市民の方々の善意とともに彼女たちの心に深く刻《きざ》まれ、生涯《しょうがい》の宝にもなったのではないでしょうか。

カズンズ　私は、そのなかの一人が述べた言葉を忘れることができません。

「私の心の中に大きな変化が起きました。これには身体の変化以上の大きな意味がありました。私の人生がまったく違うものへと変わったからです」

彼女は顔の治療をしてもらい、被爆《ひばく》の跡《あと》も目立たなくなりました。しかし、それよりも、もっと大きな変化が彼女の内で起こっていたことがわかります。一方、彼女たちをアメリカに呼んだ私たち自身も、ずいぶん学んだことが多かったように思います。その最大のものは、人間は、他者を思いやる心があれば、おたがいに連帯しあう橋をいつでも架《か》けることができるということです。

池田　感動的なエピソードです。貴重《きちょう》な歴史の証言《しょうげん》だと思います。

『ある編集者のオデッセイ』原題は"Present Tense. An American Editor's Odyssey"。一九六七年、「サタデー・レヴュー」の編集長時代に刊行。

ヒロシマ・その運命的瞬間

池田　いうまでもなく人類史上、初めての被爆地《ひばくち》となった広島は、核時代のつねに立ち返るべき原点となってきました。

その広島が受けた衝撃《しょうげき》については、スウェーデンの故パルメ首相が「国際的に責任を負《お》う国家の政治家は、政権を担当したら、すべからくヒロシマを訪《おとず》れるべきである」と語っているほどです。

そのあとを継《つ》いだカールソン首相も一九八九年六月に、ストックホルムで私がお会いした折、「ヒロシマ」への訪問を強く希望されていました。

ヒロシマの歴史から人々は学びつづけてきました。とともに、今、世界は新しい時代に向かって〝大いなる過渡期《かとき》〟を迎えております。私どもは新しい時代にふさわしい、新しい発想《はっそう》に立った平和構築《こうちく》に積極的に取り組むべき時を迎えたと思っております。教授とのこの対談では、こうした時代における哲学と運動についても語りあっていければ、と念願しております。

その意味から「ヒロシマの世界化」を考えるために、さらに教授ご自身の体験をお聞きしたいと思います。

カズンズ 私が初めて広島を訪《おとず》れたのは、四九年のことです。

当時はまだ、広島のこうむった傷が口をあけたままの状態でした。宿舎のバルコニーに立ちますと、爆心地《ばくしんち》一帯を見渡すことができました。なかでも爆心地の目印《めじるし》として最も有名になった旧広島県産業奨励館《しょうれいかん》のあのドーム――というよりはかつてドームであった――その中身は、がらんどうの空洞《くうどう》でしたが、いびつに曲がった鋼鉄《こうてつ》の骨組みが、かろうじて残っていましたので、もとはドームだったということがわかるわけです。

市街を歩きますと、累々《るいるい》たる焼け跡《あと》が目につきました。被爆後《ひばくご》四年の間に生えた雑草類が廃墟《はいきょ》のあとをかなりおおい隠《かく》してはいましたが、ビルの中身は焼きつくされ、空洞になっていました。

爆心地に立ったときの私の気持ちはとても筆舌《ひつぜつ》につくせません。

ここに、閃光《せんこう》が……わずか数年前に。ほんの一瞬の核分裂《ぶんれつ》のために……太陽の表面温度の何倍もの爆閃《ばくせん》が！
そして突如《とつじょ》、ストップ・ウオッチでも計《はか》れない一瞬に、市の心臓部が灼熱《しゃくねつ》のナイフで切り裂《さ》かれたのです。

そのとき市内にいたという人たちに取材しました。何十人もの人たちでしたが、火傷《やけど》を負《お》い、そのうえ原爆病《げんばくびょう》にかかっていて、私への証言《しょうげん》はほとんど異口同音《いくどうおん》。その瞬間の閃光は、午前の太陽よりも明るく、稲妻《いなずま》よりもはるかに鮮烈《せんれつ》で、おそらくこの地上で人類の目にふれたであろう、いかなる光よりも強烈だったというのです。

池田　まさにそうした運命的な瞬間以来、人類はいかなる時代にもなかった歴史の段階に入りました。かつてアーサー・ケストラー*は、彼の遺言《ゆいごん》ともいうべき『ホロン革命』を、次のような一節で書きおこしています。

「有史、先史を通じ、人類にとって最も重大な日はいつかと問われれば、わたしは躊躇《ちゅうちょ》なく一九四五年八月六日と答える」（田中三彦・吉岡佳子訳、工作舎）

彼は「個としての死」から「種《しゅ》としての絶滅《ぜつめつ》」という、核時代の脅威《きょうい》を的確《てきかく》に表現しています。さまざまな事情はともかく、ようやく今、大国の指導者も核兵器削減《さくげん》を考え始めております。

それにつけても、教授は被爆後《ひばくご》の広島の地にみずから足を踏《ふ》みいれ、多くの事実を見聞《けんぶん》され、それがヒロシマを考える場合の原点になっている。「体験」に即《そく》した言葉、「実感」にもとづいた行動は説得力《せっとくりょく》をもちます。この点が大事だと思います。

太陽の表面温度　太陽の光球の内側は六〇〇〇℃以上、外側で四八〇〇℃あるといわれる。光球の周囲をおおう太陽大気の彩層は五〇〇〇℃以下だが、その外側のコロナは約一〇〇万℃に達する。広島の原爆投下《げんばくとうか》のさい爆発点《ばくはってん》（空中）の温度は数百万℃、爆発直後に現《あらわ》れた火球は三〇万℃に。さらに爆心地《ばくしんち》の地上温度は三〇〇〇〜四〇〇〇℃に上昇した。

ケストラー（一九〇五年―八三年）　ハンガリー生まれ。英国の小説家、ジャーナリスト。システム論的な生命観・世界観である「ホロン」という概念《がいねん》を打ち出し、経営・科学・組織論に影響を与えた。

人間の生きぬく意志と力

カズンズ そのとき私は、病院跡《あと》に焼け残っている石の門柱《もんちゅう》の前にたたずみ、手を伸ばして、その石面の粗《あら》く盛《も》り上がったところをさわってみました。すると石の表面が原爆《げんばく》の熱射《ねっしゃ》で溶《と》けてしまったため、石の内部構造すら変化しているのがわかりました。

それから街を歩きながら、考えました。人々が都市に戻《もど》ってくるのは、いったいなぜだろう? いいえ、ヒロシマだけではありません。人間が建設したいかなる都市でも、事《こと》は同じでしょう。こうした爆弾《ばくだん》を人間がつくったからには、いずこの都市にも、その呪《のろ》いをかけたのと同然だからです。なのに、わざわざ苦悩《くのう》のひしめく都会に帰ってくるのは、どんな魅力《みりょく》のせいだろうと、私は不思議な気持ちになりました。

しかし、その答えを探《さが》すのに、さほど遠くまで足を運ぶ必要はありませんでした。答えは私のまわりにあったからです。

まず通りを行きかう人たちの表情に、それを見つけました。若い人たちの元気いっぱいな、いかにも生きているのが愉快《ゆかい》そうな歩き方が、答えになっていました。子どもたちの屈託《くったく》のない笑い声を聞くにつれ、ああ、ここにも答えがあると思いました。実際、遊び場さえあれば、どこでも少年たちがボール遊びをしていましたし、彼らが夢中になっている姿にも、答えはありました。

　こうして私が見つけた答えは、どんな哲学者があえて夢見たよりも深遠《しんえん》な勇気と蘇《そ》生《せい》の源泉《げんせん》を人間はそなえている、ということでした。

　まさに地上の最大の力、戦争のためのいかなる装置《そうち》や爆発物《ばくはつぶつ》よりも偉大な力、それは、生きぬく意志であり、希望を受け入れる人間の能力であると、私は考えました。

池田　すばらしい言葉です。また、鋭《するど》い洞察《どうさつ》です。

　広島への原爆投下《げんばくとうか》は、歴史上かつてなかった都市と人間への破壊《はかい》行為でした。しかし、人間は決して敗者としてひきさがらなかった。今日《こんにち》、広島はそれに対する人間自身の、まぎれもない勝利の証《あかし》としてわれわれを力づけてくれます。

　どんな悪魔《あくま》の力を秘《ひ》めた破壊兵器といえども、人間の希望や意志をすべて抹殺《まっさつ》することはできないという事実が、明白にされたからです。ただ、そのヒロシマ当時と現在とでは、状況がまったく異《こと》なることを忘れてはなりません。現に存在する核兵器を使用すれば、その人間の希望や意志さえもすべて抹殺《まっさつ》してしまうからです。

カズンズ　そのとおりです。

広島のことで、もう少しつけくわえさせていただきますと、なおもまわりを見まわした私の目に、赤子《あかご》を背中に結《ゆ》わえた若い女性が映《うつ》りました。いわゆる洋装《ようそう》に下駄《げた》というかっこうではありましたが、生活に負けている感じはまるでしませんでした。

私の言葉で申しますと、彼女は「敗北主義者」ではありませんでした。話しかけてみると、これから家庭をもつために出てきたのです、ということでした。それを彼女はよそではなく、こともあろうに、この広島でやりとげようとしていたわけです。

この女性には人生に希望があり、何事をもってしても、それは動じない、といった感じでした。そうして別れぎわに気がついたのですが、彼女のうなじと左腕の肉は、火傷《やけど》で変色していました。

池田　広島の人々は、語りつくせぬ悲しみ、苦しみを乗り越えてきた。いや、乗り越えて生きぬいていくほかに道はなかったのです。被爆《ひばく》したある婦人の、「原爆《げんばく》は悲しい、悲しいねェ」という言葉は、私の胸に深く刻《きざ》みこまれております。広島の再建の陰で、人知れず後遺症《こういしょう》に苦しむ方、また、嫁《とつ》ぐこともままならない女性たちが数多くいたという事実。被爆者《ひばくしゃ》、被爆二世、三世が現在もなお、苦しみつづけているという現実。私の友人にも、そうした方々がおります。こうした痛苦《つうく》と慟哭《どうこく》の歴史のうえに、今日《こんにち》の広島が存在するのだということを、私どもは永遠に忘れてはならない。カズンズその試練《しれん》を乗り越えて、広島は世界のヒロシマになりました。原子力時代に入って早々にです――。

原子の力の登場は、太陽系の宇宙《うちゅう》にあっても未曾有《みぞう》の「何事か」でした。その「何事か」は物質の核に達し、それを引き裂《さ》き、自然界の基礎単位の物質をたがいに破砕《はさい》させ、それらによって、太陽の一部がこわれ落ちたかと見まがうほどの閃光《せんこう》を放出《ほうしゅつ》させました。その不思議な光線は、生物の骨をつらぬき、人間の血液成分にかつてなかった、また夢想《むそう》だにもしなかった変化を生じせしめました。逆説的な言い方ですが、これは、自然対科学の闘争《とうそう》のなかで、科学的精神が最も恐《おそ》ろしい意味で凱歌《がいか》をあげた極限《きょくげん》の姿だと思います。

広島市長のメッセージ

池田　その点についてつねに私の念頭《ねんとう》を離れないのは、創価学会の戸田城聖第二代会長が、一九五七年（昭和三十二年）九月八日に発表した「原水爆《げんすいばく》禁止宣言」です。戸田先生の恩師である牧口常三郎初代会長は戦時中、軍国主義と戦い、獄死《ごくし》しました。戸田会長も二年間、投獄《とうごく》されました。

戸田会長は、原水爆を使用するものは「奪命者《だつみょうしゃ》」を意味する「魔《ま》」であると断言しました。それは言葉をかえていうと、いかなる理由によっても、世界の民衆の「生存の権利」を脅《おびや》かす「核」を正当化する論理を認《みと》めないという、仏法者としての根源的《こんげんてき》視点からの宣言でした。これは、戸田会長の逝去《せいきょ》の七カ月前のことであり、闘病《とうびょう》生活のさなかの烈々《れつれつ》たる警世《けいせい》の叫びでもありました。

それはまた、核兵器を中心に東西両陣営《じんえい》が厳《きび》しく対峙《たいじ》しあう地球的危機の時代相を、鋭《するど》く喝破《かっぱ》したものでした。〝対決イデオロギー〟がジャーナリズムや思想界を色《いろ》濃《こ》く染《そ》めあげていた当時、そうした普遍的《ふへんてき》な視座《しざ》からの発想《はっそう》に立って核問題に対処しようという人は、意外なほど少なかったのです。この「宣言」が、創価学会の核廃絶《はいぜつ》のための運動の、いわば原点となっております。

カズンズ よくわかります。

池田 当然、兵器の問題や政治の問題といった技術論も大切です。それと同時に、核兵器がもつ悪魔性《あくませい》をえぐりだす作業が、もっとなされねばならない。そして、不信と憎悪《ぞうお》と恐怖《きょうふ》を、人間が人間らしく平和と幸福に生きゆくための英知へと転換《てんかん》していかねばならない。その〝画竜点睛《がりょうてんせい》〟を欠いては、軍縮《ぐんしゅく》といい平和といっても、はてしなく悪循環《あくじゅんかん》と堂々めぐりを繰《く》り返すにちがいない。ヒロシマを根源的《こんげんてき》に考えるには、その一点を見つめ、行動していくことが不可欠ではないでしょうか。

カズンズ 多くの人が、そうした鋭《するど》い意識をもつことが大切な出発点になると思います。

ところで私が不思議な気持ちになったのは、原爆《げんばく》およびアメリカに対するヒロシマの市民自身の態度です。つまり当の市民としては、どんな考え方をしているのか、という点でした。それを私から切りだしてみたのですが、返ってくる答えは、信じがたい話でした。それは原爆《げんばく》体験をしたあとで、こんな気持ちになれるのか、なっていいのかといった反応だったからです。

その市民の心情には、恨《うら》みごとや、非難がましいことは、およそないように見受けられました。ほとんどの人たちが、「悪いのは戦争そのものです。広島が被爆《ひばく》していなければ、他の都市がやられたでしょう」――つまり他を犠牲《ぎせい》にして自分たちだけが災禍《さいか》をまぬかれる権利はない、という応答でした。また、「私どもは多くの人命を救うことにくわわったのです」という意味のことも、市民の多くの方々が表明されました。

池田　ある意味で広島の人々の怒《いか》りは、どこへもぶつけようのない怒りでした。

だからこそ戦争そのものを憎《にく》み、平和を訴《うった》えてきた。その深い心の響《ひび》きを感じとらねばならないでしょう。

カズンズ　市民の心情を当時の浜井市長*の言葉で表現すると、「ヒロシマは、平和のための見せしめになるべきです。新たな戦争の性質がどんなものであるか、その本質を今後は戦争そのものを時代遅れのものにしてしまうくらい劇的《げきてき》に示した実験場、それがヒロシマだったからです」ということになります。

池田　お話を聞いていて、私は言葉の奥にあるヒロシマの深い痛《いた》み、苦しみがなおさら感じられてなりません。浜井市長の発言は、核時代のもつ意味を端的《たんてき》に表現していたと思います。

カズンズ　広島を去る前の日のことですが、帰国後に私が何かお役に立てることがありますか、と市長にたずねました。市長はしばらくためらっておられましたが、「では、お国の市民の方々へ、私からのメッセージをお伝えください」と言われ、次のようにしたためられました。

「お国の方々に申し上げたいことは数多くあります。まず初めに、ひとたびは死に絶《た》えた町がよみがえるのに、ご尽力《じんりょく》くださった方々へお礼を申し上げたく存じます。

皆さんに、何がなされるべきかを述べるのは、私の立場ではありません。目的でもありません。がしかし、これだけは、提起《ていき》できるかと思います。すなわち戦争防止のために何かがなされなければ、世界の町々は一体どうなることでしょう。ヒロシマの市民が世界にお願いすることは何もありませんが、ただ一つ、私たち自身が平和への見せしめになることをお許しいただきたいのです。

この地に何が起きたのか、それはなぜ、どうして起きたのか。この点を、諸国の十分な数の方々がわかってくださるとともに、同様なことがいずこであろうと決してふたたび起きぬように、鋭意《えいい》、お働き願いたいのです。これだけはお願いします」

池田　胸の奥が揺《ゆ》さぶられるような言葉です。しかし、そうしたヒロシマの願いとは裏腹《うらはら》にその後、はてしない軍拡《ぐんかく》競争がつづけられてきました。その方向にもようやく変化が見え始めましたが、国家や力の論理が優先する不幸な呪縛《じゅばく》から、人類はいまだに脱却《だっきゃく》してはおりません。

日本に「百聞《ひゃくぶん》は一見《いっけん》に如《し》かず」ということわざがあります。私は、平和を願う世界の、とくに核保有国の指導者は、一度でもよいから広島を訪《おとず》れ、平和記念公園へ足を運び、原爆《げんばく》ドームに目をやり、〝原爆資料館〟(広島平和記念資料館)を見学し、奇怪《きかい》な核軍拡の悪夢からめざめるべきである、そして広島で核廃絶《はいぜつ》のための会議をすべきである、と訴《うった》えてきました。

カズンズ　まったく同感です。なお、市長のメッセージの後半はこう書かれております。

「私たちヒロシマの市民が眼を世界に転じますと、すでにして、全面戦争への口火《くちび》となりそうな国家間の紛争《ふんそう》が、あちこちでおこなわれていることに、私どもは心を痛《いた》めています。

戦争を防止するのはなまやさしいことではありません。真の世界平和が達成されるためには、是非とも解決されねばならない重大な問題がありましょう。そうした事情を私たちはわきまえているとともに、また平和は求めるだけでは得られないということ、諸国家の合意《ごうい》こそが必要であるということも、わきまえております。

しかし、恒久《こうきゅう》平和を樹立《じゅりつ》していくには、いずれかの国が率先《そっせん》しなければならないでしょう。その率先をこそ、皆さんのアメリカ合衆国に私どもは期待しております。世界も耳をかたむけるでしょう。いくつかの国家の指導者は耳を貸さなくとも、民衆の耳は澄《す》まされていると思います。そこにこそ、ここにこそ、何千ものヒロシマを生むような戦争を防止できる究極《きゅうきょく》の希望があるはずです」

浜井市長　浜井信三氏（一九〇五年―六八年）は一九四七年から六七年にかけて通算四期十七年間、広島市長をつとめた。爆心地《ばくしんち》から三キロ地点で被爆《ひばく》。平和公園の建設、原爆《げんばく》ドームの保存など〝原爆市長〟として市の復興《ふっこう》につくす。

未来に生きる青年たち

池田　戦後四十年以上を経過して、「ヒロシマの世界化」ということは、古くて新しい問題だということを、私どもは痛感《つうかん》しております。

創価学会は、青年部が中心になって「反戦出版集」*全八十巻を刊行しました。そのなかで広島関係の本は七冊におよんでいます。こうした反戦出版の抄訳本《しょうやくぼん》として英語版、ドイツ語版、フランス語版、ルーマニア語版等が出版されています。

また創価学会インタナショナルは、国連をはじめ北京やモスクワなど社会主義国をふくむ十六カ国二十五都市で「核兵器――現代世界の脅威《きょうい》」展も開催してまいりました。これは、原爆投下《げんばくとうか》の惨状《さんじょう》やその影響、核軍拡《ぐんかく》競争の危険性などを多角的にパネル展示で伝えるものですが、あわせて広島・長崎の被爆《ひばく》物品も展示し、大きな反響《はんきょう》を得ました。それも私どもなりに「ヒロシマの世界化」の一助《いちじょ》にしたいとの願いからでした。

私たちは、若い世代へ誇《ほこ》りをもって残していける社会を築き、精神の財産を残していかねばなりません。

それはそれとして、教授は初めて広島を訪問されてから十数年をへて、ふたたびこの地を訪《おとず》れておられますね。

カズンズ　十五年目の一九六四年に、ふたたび広島に飛びました。それも、かの爆弾《ばくだん》が炸裂《さくれつ》し、いわゆる原子力時代の幕《まく》が切って落とされることになった天空を通ってです。早朝の訪問でした。

そのときの上空は同じであっても、まったく新しい都市を見おろしていました。地上の一帯でことに目に焼きついたのは、広い並木道《なみきみち》が走っていることでした。あの旧広島県産業奨励館《しょうれいかん》は保存されて、爆心地《ばくしんち》のシンボルになっているのが見え、空からもこれは変わっていないと、すぐにわかりました。

しかし、その周辺はいずこも、明るく頑丈《がんじょう》な造《つく》りの企業ビルが林立《りんりつ》していました。大通りを入ったところには住宅がひしめき、闇市場《やみいちば》ならぬ、公設《こうせつ》市場の商店が密集《みっしゅう》しているのが見られました。それに広島の名が由来する伝説的な数本の川が、砂地に指を広げて刻印《こくいん》したように、市内に割り込んでいるのが見えるのは、最初の訪問のさいの第一印象と異《こと》なりませんでした。

空港から車で市の中心部に向かう途中、市長の浜井氏が広島の今昔《こんじゃく》を種々語ってくれました。その話によると、ヒロシマの歴史的な意義とその立場についての自覚は、今なお市民の意識の中核をなしており、それが生活の底流《ていりゅう》にあるのは昔と変わらないけれども、この生活意識が市民を束縛《そくばく》することはもはやなくなった、ということでした。

つまり、昔の古傷《ふるきず》を見せたりする向きは、ずっと減りました。これは、市民たち個人にも、市当局についてもいえると思います。原爆《げんばく》体験もまた、人生体験と同様、冷静に受けとめるべき事柄《ことがら》、という向きのほうが強くなった、というのが同市長の分析《ぶんせき》だったわけです。ある意味では、こともなげなその受けとめ方は、一種の「風化《ふうか》」であろうか、とも思えたのですが……。

池田　それはむずかしい課題《かだい》をはらんでおりますね。時の経過というものは、あらゆることを「風化」させてしまう。それを押しとどめるのはきわめて困難です。しかも戦争を知らない世代が過半数を占《し》める時代を迎えては、なおさらでしょう。

　日本は経済のみの大国であってはならない。もっと世界の平和へ貢献《こうけん》する道があるはずです。ヒロシマを八月六日だけで終わらせるのではなく、日本人である私どもがヒロシマへの思いを「風化《ふうか》」させないことが大切だと思います。

　その意味からも、私は次代をになう若い人向けに、戦争体験を織《お》りこんだ短編小説『ヒロシマへの旅』*を書きました。ヒロシマは未来につづく課題《かだい》だからです。

　そこで、ほかに何か強い印象はございましたか。

カズンズ　市内に入り、大きな変化と思えたのは、主に人々の表情でした。どの人も、かつての痛苦《つうく》の日々の記憶《きおく》にとらわれているようには見えません。過去の軛《くびき》を引きずっているようにも、そのまま過去から抜けだしてきたような歩き方をしているとも思えませんでした。

　被爆《ひばく》以後の新しい世代の人たちが、成人に達していました。このように若い人たちが広島市民の大半近くになっているということが、町の性格と気風《きふう》と将来をうらなうカギであるような感じがしてきました。

「反戦出版集」シリーズ名「戦争を知らない世代へ」と題して、一九七四年（昭和四十九年）に沖縄編『打ち砕《くだ》かれしうるま島』より刊行が始まり、あわせて五十六巻にまとめられた。引きつづいて「戦争を知らない世代II」を二十四巻刊行、十一年間にわたり全八十巻におよぶ貴重《きちよう》な証言《しようげん》が残された。いずれも第三文明社刊。

『ヒロシマへの旅』一九八六年（昭和六十一年）八月から半年余り「中学生文化新聞」に連載。八七年七月刊行の『アレクサンドロスの決断』（集英社）におさめられた。『池田大作全集 第五十巻』に収録。

民衆の絶えざる応戦

池田　よくわかります。ところで、八七年末のＩＮＦ＊（中距離核戦力）全廃《ぜんぱい》条約の調印によって戦後初めて米ソが実質的な核削減《さくげん》に合意《ごうい》した背景には、民衆の広範《こうはん》な反核運動が大きな影響力を発揮《はっき》した面があります。とくにヨーロッパでは、政治を動かす要因になったことは広く認《みと》められております。

最近の東欧情勢の激動を見てもわかるように、民衆のエネルギーが国を変え、時代を動かし、歴史を塗《ぬ》りかえております。

その意味では、戦後初めて「民衆」が主役の時代を今、迎えている気がしてなりません。

世界がこのまま一直線に変わるという楽観《らっかん》主義はいましめねばなりませんが、時代の変化は加速度を増しています。それだけにこの好機を生かしていくための、知恵と行動力とリーダーシップが要請《ようせい》されているといえるでしょう。

今後の課題《かだい》はヒロシマ、ナガサキを原点としつつ、いかにして若い世代にも連動《れんどう》させていくかということではないでしょうか。

カズンズ まことにそのとおりです。

原爆《げんばく》を広島に投下《とうか》すべきであるとした、あの決定に投影《とうえい》されていたもの、それは主に「力の示威《じい》こそが対外政策では機能するのだ」という理念でした。これは、たんに理念というよりも、ほとんど信念に近く、確固《かっこ》たる信条だったとすら言わねばなりません。

そうした信条にもとづく対外政策にひそむ種々の危険のタネは、相手国もまた同じ信条に固執《こしゅう》するとき、まさに爆発《ばくはつ》します。

もちろん、こういう人たちもいます。つまり、日本の都市に原爆投下の決定がなされたそもそもの端緒《たんしょ》は、日本側の「パール・ハーバー攻撃」*にあったと思えばいいのだ、と。

その意味での報復《ほうふく》や仇討《あだう》ちがここでは正論であるとすれば、その場合は、東京を第一とする日本の他の都市部への空襲《くうしゅう》だけで事《こと》はたりたであろう、という反論が当然、できるはずです。すなわち、ヒロシマは埒外《らちがい》の沙汰《さた》だったのです。

池田　つまり、投下《とうか》しなくてもすんだはずの原爆《げんばく》を投下してしまう過《あやま》ちにみちびいた対外政策の中心には、〝力の示威《じい》〟〝力の論理〟があるということですね。それは、今日《こんにち》までつづいている課題《かだい》です。

八九年十二月、マルタでおこなわれた米ソ首脳《しゅのう》会談での冷戦《れいせん》の終結宣言に色濃《いろこ》く見られたものは、もはや「軍事力」に過度《かど》に依存《いそん》する時代は終わりを迎えつつあるということです。

私は今後、いちだんと軍縮《ぐんしゅく》が進むのではないかと予想しております。しかし、同時に核兵器の廃絶《はいぜつ》にはまだしばらく時間がかかると思います。

たとえ戦略《せんりゃく》核兵器が半減《はんげん》されたとしても、人類絶滅《ぜつめつ》の脅威《きょうい》は依然《いぜん》として残る。この現実をつねに直視する民衆の側からの絶《た》えざる〝応戦《おうせん》〟こそ必要不可欠だと思っております。

カズンズ　原爆が広島に投下されたときは、たんに一つの都市だけが破壊《はかい》されたのでなく、それ以上のものが破壊されました。

それは、社会の集団形態である民族国家が機能しうるという概念《がいねん》、それがあの日に破壊《はかい》されました。国別の政府が、それ以前の歴史で果《は》たしてきた機能、すなわち自国の市民に十分な保護と安全の保障を与えていく機能、ヒロシマ以後は、それを果たしていくにもいけなくなりました。

池田　ヒロシマ以前とそれ以後との決定的な違いが、そこにあります。

かつてアインシュタインは「解放された原子力は、われわれの思考様式を除いて、一切のものを変えました」（O・ネーサン、H・ノーデン編『アインシュタイン平和書簡2』金子敏男訳、みすず書房）と述べました。今、要請《ようせい》されているのは、従来の安全保障の思考様式から脱却《だっきゃく》することです。

カズンズ　そうです。それは、各国家の手には負《お》えなくなったわけです。もはや、その役割を果たしていける手段が国家にはなくなったのです。

もともと国家の自己存命《ぞんめい》のための主要手段が、戦争だったのですから。しかし、核兵器が出現するにおよんでは、戦争という手段そのものが、交戦国同士の自殺手段、つまり変態的《へんたいてき》な心中《しんじゅう》行為と異《こと》ならない。

ゆえに、核兵器時代が意味するのは、それこそ全人類の運命が、原始時代の状態に還元《かんげん》されたということでしょう。

万人がこの運命にさらされています。少なくとも自己防衛という基本的な条件からすれば、そう言わざるをえないと思います。もはや、自己防衛ということが意味をなさない時代になっています。

それでも「防衛」と言いたいなら、まさに「平和」のみしかありえません。ここにまた「ヒロシマの世界化」ということの、もう一つの面があると思います。

池田　そこから結論的にみちびかれるものは、「世界不戦」ということです。時代の潮流《ちょうりゅう》は、まさにその一点を志向《しこう》しております。

核戦争に勝者はありえない。核時代の人類生存の絶対的条件とは、あらゆる戦争を否定することでなくてはなりません。たとえ核兵器を使用しない戦争であっても、それがいつ核戦争にエスカレートするかわからないのですから、「不戦」こそ人類が生き残るための不可欠の条件です。

それを全世界の人々に訴《うった》えつづけていくことが、「ヒロシマの世界化」にほかならず、とくに二十世紀最後の十年は、流転《るてん》を繰《く》り返してきた歴史の大転換期《だいてんかんき》に入ったと私は見ております。

ＩＮＦ全廃条約　一九八八年六月に発効した、地上発射の中距離核戦力の三年以内廃棄《はいき》をめざした米ソ二国間条約。

パール・ハーバー攻撃　一九四一年（昭和十六年）十二月八日、アメリカ太平洋艦隊の基地があるハワイのパール・ハーバー（真珠湾）に日本海軍の機動部隊が奇襲《きしゅう》攻撃をかけ、ほぼ全滅させた。アメリカ議会は日本の〝だまし討《う》ち〟に反発、全会一致で対日宣戦布告を可決し太平洋戦争に突入する。

第二章　平和教育の眼目

教育の基本に平和学を

池田　時代は新しい人間観、世界観、平和観を待望《たいぼう》しています。政治、経済次元の追求も大切ですが、ここではきたるべき「平和の世紀」へ、人間はいかなる準備をすべきか、とくに永続的な平和を考えていくうえで何が必要かについて、語りあいたいと思います。

カズンズ　人間は知能の面で進化していますが、その知能のなかで、人間自身を守る能力だけは立ち遅れています。人類総体の知識量は膨大《ぼうだい》なのに、こと平和の問題になると、その解決のために役立つ仕組みはもちあわせていないのが、残念ながら、人類の実態のようです。

池田　そうなんですね。私たちは、いつの時代にもまして、積極的に平和の道、文化の道を歩まねばなりません。現代には、核兵器にまつわる〝メガ・デス〟*などという言葉にみられるように、人命を物とみなして、はばからない発想《はっそう》があります。その視《し》野《や》には、対象とされている民衆一人一人の意志や感情、表情は入ってきません。いうなれば生命感覚の荒廃《こうはい》というほかない時代に私たちは生きています。

カズンズ まったく同感です。人間は完全な生命観を求めて、化学、物理学、工学、数学をはじめ衛生学なども研究科目にしていますが、いまだに平和学を教育の基本にはしておりません。いうなれば、この世界で最も大切な科目が教えられることは、ほとんどないというのが現状でしょう。

池田 平和学こそ、基本にすべきです。私も二十年あまり前から、そのことを考えてきました。これまでスウェーデン人文社会科学研究院客員教授のヨハン・ガルトゥング氏、オスロ国際平和研究所元所長のマレク・テー氏、ハワイ大学教授のグレン・ペイジ氏など世界の代表的な平和学者ともお会いし、意見の交換をしてきたのも、そのためでした。

メガ・デス 核戦争が起こったときの被害を表す単位で、一メガ・デスは死者百万人を表す。

「世界市民」意識の育成

カズンズ　思うに、安全な状況をつくりだすには、国家の主権を効果的に制限するに必要な諸原則が世界法という構想に盛《も》り込まれ、これにもとづいて行動しないかぎり、ほかの知識がいかにあろうと人類の役に立たないでしょう。

池田　日本について申し上げれば、平和ということを、教育の次元で正面きって取り上げたのは、まだこの四十年ほどです。

それ以前の、近代日本の歴史は、〝富国強兵《ふこくきょうへい》〟が最大の国家目標とされ、国家主権の行使《こうし》としての戦争がほとんど自明《じめい》の理《り》のように是認《ぜにん》されてきました。そこに疑いをはさむ人は、ごくわずかな思想家、宗教家にすぎませんでした。

ですから、平和それ自体を、世界法というような概念《がいねん》で積極的に取り上げ、論ずることもほとんどありませんでした。

カズンズ　状況はよくわかります。

池田 日本人のそうした考え方を根本から揺《ゆ》るがす変化が起きたのは、ご存じのように、太平洋戦争後です。とりわけ二度にわたる被爆《ひばく》体験、そして平和憲法の誕生《たんじょう》は、国家主権の絶対性を問い直させ、国際社会へ眼を開かせました。*

カズンズ 人間には皆、日本人であれ、アメリカ人であれ、あるいはロシア人、中国人、イギリス人、マレー人、インド人、アフリカ人であれ、おたがいへの義務がありますす。それは、各人が所属している主権国家への義務を超越《ちょうえつ》したものです。

今、二十世紀の人類が巻き込まれる対立は、イデオロギーや政治をめぐる対立だけではありません。人格、歴史、それ以外の点でも、対立することがあります。自分が所属する身近な共同体のなかでの利害関係から、人類全体のさまざまな共同体との利害関係にいたるまで、ことごとく対立しなければならない場合もあります。

また、われわれが住んでいる世界はかならずしも、われわれがつくった世界ではないと主張したくなる場合もあるでしょう。しかし、この現に在《あ》る世界の様相《ようそう》をその複雑な要素ともども把握《はあく》しなくては、この世界の安全をしかるべく確保することはできないのです。

池田　まったく同感です。またその意味では「国家」「民族」の問題は、二十世紀の今日《こんにち》まで人類がかかえてきた最大の課題《かだい》の一つかもしれません。これはまことに微妙《びみょう》な問題です。しかし、もっとたがいによく語りあい、知りあい、協調していくことは十分に可能なことです。現に時代の流れは、それを志向《しこう》しています。

カズンズ　今後の時代の展望にいかなる不確定《ふかくてい》要素があろうと、一つだけ確かなことがあります。

それは、現在の世代はもとより、今後の世代も、さらにまた後続《こうぞく》の各世代も、みな人類共同体の市民とならなければならないということです。つまり、どの国に行っても、どの国民にくわわっても、そこに、そのなかに、安楽《あんらく》の場がなければならないということです。

それにはいくつかの言葉も話し、その地の人たちの哲理《てつり》や心理も少なからず解《かい》し、今はまだ道標《どうひょう》もない道をたどるすべも知っておく必要があります。

池田　とくに若い世代はそうですね。それと国連のイニシアチブ（主導権）により、各国の人々が「環境」「開発」「平和」「人権」等の、国家の枠《わく》を超《こ》える人類的課題を集中的に学べるようにしたらどうか、そういう教科書づくりを検討してみてはどうか、ということを私は提唱《ていしょう》してきました。

「世界市民」意識を涵養《かんよう》し、具体的に行動化していくことが、二十一世紀までの残されたわずかな期間における最大の課題《かだい》であると思ってきたからです。

カズンズ 世界市民たるには、もちろん知識も必要ですが、同時に知識よりもはるかに大切なものが必要です。それは、さまざまな価値《かち》があることを痛感《つうかん》するとともに、価値の創造《そうぞう》と維持《いじ》のための諸条件を深く心得ておくことですね。

池田 賛成です。

二度にわたる被爆体験 一九四五年八月六日の広島と八月九日の長崎への原爆投下《げんばくとうか》によって、広島では約二十一万二千百人、長崎では約十二万五千五百人が死亡した（いずれも九九年八月現在）。また、被爆《ひばく》手帳をもっている人は、あわせて約三十万四千人（九九年三月末現在）にのぼり、なんらかの被爆による後遺症《こういしょう》に苦しんでいる。

人間の尊厳を重視

カズンズ　従来の教育ではいたらない点があるのは、なにもアメリカ合衆国にかぎりません。それは世界のほとんどの国においても同様で、いわば五十歩百歩の差のように思います。それは人々に部族意識を植えつけてきたけれども、人類意識を啓発《けいはつ》することはあまりなかったという点です。つまり一視同仁《いっしどうじん》の心が人類すべてにおよぶのではなく、一部の人間にかぎられてしまうような教育、これが今日《こんにち》にいたるまでの教育の大きな流れであったと思います。

さらに申し上げれば、従来は価値観《かちかん》にしても、人間のなす物質的な事柄《ことがら》を優先し、人間自身の尊厳《そんげん》を重視することがありませんでした。人間の力は宣揚《せんよう》されるけれど、生命の尊《とうと》さは謳歌《おうか》されません。国歌があって、全人類の歌がない。

池田　ソ連の友人にも私は話したことですが、日本軍の歴史のなかに、心に残るエピソードがあります。

日本が帝政《ていせい》ロシアと戦争をしていたころのこと、ある日本の上官が部下たちに、ロシア人の捕虜《ほりょ》を見物にいこうと誘《さそ》った。すると、職人出身の一兵士が、敵ながらロシアの兵士も同じ人間である、それが運つたなく捕虜になって引きまわされているのは、気の毒ではないか、彼をはずかしめたくない、といって見物を拒否《きょひ》します。

この一兵士の発言がきっかけになって、やがて捕虜見物は中止になった。(長谷川伸『日本捕虜志(上)』時事通信社、参照)

いつの時代にも、民衆のなかには、こうした人間性の美質《びしつ》、善性《ぜんせい》が脈動《みゃくどう》しています。日本ではその後、日を追って空疎《くうそ》な国家主義のベールに人間の美質や善性も、おおい隠《かく》されていってしまいました。しかし、人間は、本来そのような、世界の人々と手を結び、心をかよわせていくことのできる広々とした可能性を秘《ひ》めています。

それをさまたげている遮蔽物《しゃへいぶつ》を取り除いていくところに、平和教育の眼目《がんもく》があるのではないでしょうか。

カズンズ この私自身も、自分の受けた教育を試《ため》してみる機会があるたびに、適切な教育の不足を自覚しないではおられませんでした。

試《ため》し方はかんたんです。――はたして、人口五十億の世界に住んで、その世界の全体を理解する用意が自分にあるか否《いな》か、こうわが心に問いかけてみればいいわけです。

この世界は、私の受けた教育でもまだまにあった一八五〇年や、一九〇〇年の世界ではなく、一九九〇年の世界です。

といっても、私の受けた教育が完全に失敗だったということではありません。世界についてのいわば鳥瞰図《ちょうかんず》を授《さず》けてくれるという点では、すばらしい面がありました。ある場所、ある民族を他の民族、他の場所とくらべて、すみやかに容易に識別《しきべつ》する方法、これは教えてくれました。

地理学の授業では、顔面《がんめん》の骨格《こっかく》、肌《はだ》の色など、身体面の一般的な相違点《そういてん》について教わりました。要するに、私の受けた教育は何を見てもめんくらわないように訓練してくれたわけです。

池田　よくわかります。教授の言われる「世界の全体を理解しようとする」開かれた心をどう育《はぐく》んでいくか。近年、日本でも「国際化」「国際人」という言葉がよく使われていますが、実際は、まだまだこれからの課題《かだい》です。

カズンズ　各地で、私はさまざまなことを見聞《けんぶん》しました。世界を旅行しますと、たとえば、泥《どろ》でこしらえた小屋に住んでいる人たちがいます。竹づくりの小屋に住んでいる人たちもいます。

あるいは燃料《ねんりょう》に泥炭《でいたん》をもちいるところがあるかと思えば、家畜の糞《ふん》をもちいるところもあります。音楽も、五音階のものを好む民族がいるかと思えば、十二音階のを好む民族がいるわけです。あるいは菜食《さいしょく》主義者にしても、宗教的な理由でそうなった人、自分の選択《せんたく》でそうなった人など、いろいろいます。しかし私はなにを見聞しても、驚《おどろ》きませんでした。

こういう事柄《ことがら》に関しては、私は十二分なくらい教育を受けていました。ただ、その教育のいたらなかった点は、そうしたさまざまな違いについて意義を教える場合、意義の違いなどおよそないのだということを強調すべきだったのに、それはしなかったという点です。人間同士の相違《そうい》点《てん》は、相似《そうじ》点《てん》からすると、ほとんど取るにたりません。なのに相似点のほうは素通《すどお》りしてしまう教育でした。

相違点《そういてん》の彼方《かなた》には、あまりに素朴《そぼく》であるゆえに、およそ認識《にんしき》されていない真実があるということを把握《はあく》し、明確に示してくれる教育ではなかったのです。素朴な真実のなかでも、いちばん素朴な真実は、人類が一つの運命共同体をなしているということです。

「差異」を超える思考法

池田　教授は今、「素朴《そぼく》な真実」が大切だと言われましたが、それは言いかえれば国家や民族の枠《わく》よりも、「人間」を原点として発想《はっそう》していくことだと思います。

体制やイデオロギーの異《こと》なる国であっても、そこには平和と自由を求めてやまない、同じ人間がいる。

この事実がいつの時代にも不変の「素朴な真実」です。ここからヨコには地球的視野《しや》、タテには一個の尊厳《そんげん》なる生命という視座《しざ》をいかに広げ、深めていくか――。

それこそが、高等宗教の、なかんずく仏法の役割と私は思っています。

さまざまな次元での〝差異《さい》〟を超《こ》えて、相似点《そうじてん》もしくは共通点を見いだすという思考の方法、あるいは伝統という点では、大乗《だいじょう》仏教が、じつに豊かな水脈《すいみゃく》を有しています。

というのは、仏教には最初から、インドのカースト制度に見られるような、人々の間に差《さ》別《べつ》と障《しょう》壁《へき》をもうける制度に対して、その非《ひ》を説《と》き、人間の絶対の平等を実現していこうとする思想があるからです。この思想は当然、大《だい》乗《じょう》仏教にも引き継《つ》がれており、大乗仏教の精《せい》髄《ずい》中の精髄であり、釈《しゃく》尊《そん》の極《ごく》説《せつ》である法《ほ》華《け》経《きょう》において人間観、生命観のうえから全面的かつ徹底的に開《かい》示《じ》されております。

このことは、たとえば法華経においては、大乗仏教でもまだ完全な解放と救いとを説いていなかった悪人や女性、さらには小《しょう》我《が》にとらわれた知識階《かい》層《そう》にも、他とまったく同じように、仏教の目標である「大《たい》我《が》」の生命に到《とう》達《たつ》する可能性をひらいていることから、明らかであるといえるでしょう。

要するに、法華経に集《しゅう》約《やく》された仏法の精神は、生きとし生けるすべての生命が尊《そん》厳《げん》であり、おかすべからざる絶対の価《か》値《ち》を有している、との大《だい》前《ぜん》提《てい》に立っています。この前提からすれば、人々の間にいっさいの差別や障壁があってはならないという透《とう》徹《てつ》した平等思想は、当然の帰《き》結《けつ》といわなければなりません。

カズンズ　そこが大事な点ですね。

人類が一つの運命共同体をなしている、という場合の共同体は、いかなる部族共同体や民族共同体よりも大きく、種々の信仰団体や結社、あるいは、それぞれの深さや色あいをもつ文化集団よりも大きいと言わねばなりません。

とにかく他のいかなる共同体よりも大きな運命共同体が、現代の最も重要な中核的存在でなければならないでしょう。希望ということが、ほとんど現実味をもちえず、霞《かすみ》のようにおぼろ気《げ》であるとき、人々が建設への足がかりにすることができるのも、この意味での人類共同体という理念であると、私は思います。

池田　その視点は非常に重要であり、私どもの〝地球民族主義〟の理念とも、ぴたり符合《ふごう》します。創価学会の戸田第二代会長が、初めて〝地球民族主義〟という言葉を使ったのは一九五二年（昭和二十七年）、青年たちのある研究発表会の席上でした。

当時は、米ソの冷戦《れいせん》のはげしいころで、その場に居あわせた青年たちも、本当の意義は実感として理解できなかったと思います。世間一般にも、まったくといってよいほど注目されませんでした。しかし、そのあとの時の流れは、〝地球民族主義〟という着想《ちゃくそう》の先見性《せんけんせい》を明らかにしてきました。

カズンズ　まことに、理念そのものはもうわかりきったことですから、諸国の人々は、これを行動の規範《きはん》にはしなくても、そのとおりだと認《みと》めはするでしょう。

池田　比喩的《ひゆてき》にいえば、性格の似《に》た人よりも、異《こと》なった人同士に深い友情が生まれます。ところが、国家となると人間はほとほと手を焼いてしまう。

そのために文化交流、民間交流が今ほど大切になったことはないと私は思っております。相違《そうい》を相違としてたがいに尊重しあっていく心の豊かさ、余裕《よゆう》こそ、文化交流の要諦《ようてい》であり、そこに立脚《りっきゃく》してこそ、民族を超《こ》えた友情も可能になるでしょう。その余裕とは、進んだ者が遅れてくる者を見やるといったものではなく、異なった価値観《かちかん》を、たがいに尊敬し受け入れていくということで、いわば川面《かわも》にさまざまな景色を映《うつ》しながら、深くゆるやかに流れていく川にたとえることができるかもしれません。

カズンズ　ですから、次に、単純な言い方をしてみたいと思います。

世界のどこにいても、気楽《きらく》になれるよう、これは肝《きも》に銘《めい》じておきなさいと、いちいちまえもって教えられていたことを、私自身はあえて忘れるようにしました。そうしてもなお、他の国々の人たちといっしょにやっていけたのは、その人たちの生活様式の独自さを私が理解できたからだけではなく、むしろ、その人たちと私に共通することがいろいろあって、私自身が共感できることが多かったからです。

相違点《そういてん》を尊重することが、大切なのはもちろんです。しかし、それだけで終わってしまうなら、小異《しょうい》にとらわれて大同《だいどう》を見失うのと同然の結果になるでしょう。

人類は長い間、地理的に分割《ぶんかつ》され紛争《ふんそう》をつづけてきましたが、いまや私たちは、一つの共同居住地に生きなければならなくなっています。その居住地とは、むろん地球というこの惑星《わくせい》にほかならない。大宇宙《だいうちゅう》のなかでも、この共同体を私たちの運命の地としているのです。

際限ない人間の可能性

池田　時代はおっしゃるように共有、共感できるものを探《さぐ》ることを第一義としています。さまざまな次元でそれが大切になってきています。

今日《こんにち》、論議の焦点《しょうてん》になっている日米両国間の貿易摩擦《まさつ》問題も、その根底《こんてい》には異文化間の価値観《かちかん》の相違《そうい》があります。国際化時代を迎えて変わりつつありますが、日本には「質のよい製品を安く作り、売ってどこが悪いのか」といった素朴《そぼく》な疑問がある一方、日本人の勤労観《きんろうかん》や仕事観は、まだまだ大方のアメリカ人の理解を超《こ》えているでしょう。

そうした〝摩擦〟を解決していくうえで、ことを急いだり、自分の価値観のみで一方的に押しきろうとするなら、かならず禍根《かこん》を残します。政治的、経済的次元のもめごとよりも、そうした心に刻《きざ》まれた禍根のほうが根深く、容易には消せません。物事を忍耐強く、漸進的《ぜんしんてき》に、たがいの信頼と理解を深めつつ運ぶことがなによりも大切です。

カズンズ　二十世紀の初めに、私自身が受けた教育では、どうしても、相違点《そういてん》を強調する場合がありました。よその地域や、そこの住民のことを考えるにしろ、およそ好奇心《こうきしん》か、異国情緒《いこくじょうちょ》にあこがれる休暇《きゅうか》気分がまじりあった、想像をたくましくする時代でした。

よく旅行をして、耳にするだけでは信じられないような千差万別《せんさばんべつ》の文化や習俗《しゅうぞく》に通じていることが、円熟《えんじゅく》した人のいわばトレード・マークでした。しかし、そんな知識があろうと、それを基準《きじゅん》にして、みずからの生活を立て直すというのではありませんでした。

ところが今や、地上の距離感がはなはだ圧縮《あっしゅく》される時代になりました。遠疎《えんそ》の地だったがゆえに安全でもあった広大な諸地域が、いきなり、たった一つの舞台に押しこめられるようになったのです。それとともに、突然に、新式の教育が不可欠となりました。何をもって新式か、といえば、部族意識を打ち破る教育でなくてはいけないからです。

その場合、新たな教育の課目《かもく》が、むずかしくなったとしても当然です。なぜなら、世界のいずこにあろうと、人間を見れば、自分自身をその人間のなかに認《みと》められるようになるのが、この教育の課題《かだい》だからです。

人類がたがいに認めあう教育、つまり「人類同認《どうにん》」への教育は、自己確認《かくにん》への教育といってもいいのですが、従来の自己確認には、今まで表面上の相違点《そういてん》のみを強調してきた旧式の教育が執拗《しつよう》に残存《ざんぞん》しております。しかも、そのさまざまな形態が、いわば洗練《せんれん》されたものにすらなっています。しかし、その手の教育は今では時代遅れですから、相互の関係を重んじる人類共同体への市民教育が優先されねばなりません。

池田　そのためにも、新しい人間観、さらに生命観を何に求めていくかが焦点《しょうてん》となってきます。私はこれまでの世界の宗教や思想の普《ふ》遍性《へんせい》、妥当性《だとうせい》の検証をあらためてなさねばならないと思っています。実際に多くの世界的思想が人類の歴史のなかで、さまざまに実験されてきています。

それぞれに見解はあろうかと思いますが、私はこれからの世界で、東洋の仏法の真髄《しんずい》がこの課題に大きく貢献《こうけん》し、さらに注目されていくであろうと考えています。

教授が言われた「人類同認《どうにん》」と「自己確認《かくにん》」との関係性は、それぞれがたがいに精神性を深め、みがいていくことを意味し、「個」が「普遍《ふへん》」に通じゆく確かな回路《かいろ》を照《て》らしだすものと私は受けとめます。

その点で思い起こすのは、*アメリカ独立革命の最大の思想家トーマス・ペイン*が、主著『コモン・センス』のはしがきで「アメリカの主張はほとんど全人類の主張である。これまでに多くの事件が生じたが、これから先も生じることだろう。それは一地方の事件ではなく、世界的な事件である」(小松春雄訳、岩波文庫)と自信をもって述べている点です。

そこには、民衆という大地をしっかりと踏《ふ》まえたことから生まれる、人間の普遍性への信念が感じられます。

しかし残念ながら、アメリカ伝統のこうした普遍主義は、往々《おうおう》にしてひとりよがりな傲慢《ごうまん》さと映《うつ》りがちでした。けれども、アメリカ独立革命時の〝原点〟に脈打《みゃくう》っている理想主義的な側面は、今も大事です。アメリカ民主主義の最も良質な部分の世界化には、民主主義の未来像が見えます。

カズンズ　そのとおりです。

そして何よりも、新たな教育ではまず、宇宙《うちゅう》そのものが生命を軽《かろ》んじてはいないという事実を原点にしなければなりません。

宇宙には銀河《ぎんが》系《けい》や太陽系が幾《いく》百万もあるといわれていますが、そのなかでも生命の発生するのは、希有《けう》の事象《じしょう》です。

しかも、われわれの太陽系では、おそらく地球というこの惑星《わくせい》だけにしか、生命現象は起きません。そして、このたった一つの惑星上に発生する生命は、幾百万ものさまざまな形態をなしています。

そうした無数の生命体のなかでは、たった一つ、人間という「種《しゅ》」だけが特別な能力をそなえており、そのおかげで、ほかのすべての生命体に対して最高に有利な地歩《ちほ》を占《し》めています。人間の種々の能力のなかには、とりわけ創造的《そうぞうてき》知性というものがあって、これによって人間は回想《かいそう》や予想ができますから、過去の経験を取り入れたり、未来の必要を予見《よけん》したりすることもできます。

その他にも不思議な能力を際限《さいげん》のないほどそなえているのが人間であり、その作用や仕組みについては、当の受益者《じゅえきしゃ》である人間自身にもまだ解明できないでいるものがあります。

たとえば、希望や良心をもつ能力、美しいものを鑑賞する能力、人間自身の類縁《るいえん》関係を認知《にんち》する能力、愛し愛される能力、信仰能力などが、それにあたるでしょう。

アメリカ独立革命　一七七六年七月、イギリスの植民地であったアメリカは、イギリスによる課税《かぜい》強化をきっかけに武力抗争《こうそう》を起こし、独立宣言を発表し独立した。その一連の運動を指《さ》す。

ペイン（一七三七年—一八〇九年）　イギリス生まれの著述家。渡米し『コモン・センス』を著し独立の機運を高め、『人間の権利』でフランス革命を弁護した。

分断から調和の時代へ

池田　それらこそ、人間を人間たらしめる根本です。

さらに「宇宙《うちゅう》」というマクロ・コスモスと、「人間」というミクロ・コスモスとが、共通の「法」によって、分かちがたく結びあわされているというのが、仏教の知見《ちけん》です。すなわち、人間も宇宙も一つの生命体ととらえられており、人体は自然界と共通している存在とみなされている。たとえば、頭は天に、足は地に、息《いき》は風に、血液は河に、眼は日月《にちげつ》に、髪《かみ》は星辰《せいしん》に、というふうにたとえられているのです。

ゆえに、あるときは、現実世界の事象《じしょう》をつらぬく大宇宙の不変なる法則を見つめる。またあるときは、人間がつくった制度やイデオロギーの囲《かこ》いを突きぬけて、一個の人間に秘《ひ》められた限りない可能性の輝《かがや》きを見いだす。

そして時に、万人を結びあう、見えざる生命の絆《きずな》を覚知《かくち》する――こうしたみずみずしい生命感覚こそ、われわれの日々の生活を、美しく、そして豊かに彩《いろど》ってくれるでしょう。

それを忘れた人生というものは、灰色で索漠《さくばく》たるものになる。表面は豊かできらびやかな装《よそお》いをこらしていようとも、人々の心は埋《う》めようのない空白感《くうはくかん》にさいなまれるにちがいない。

なぜなら、宇宙本源《うちゅうほんげん》のリズムとの合一《ごういつ》は、生命の最も深い次元での喜びにほかならないからです。

そうした知見《ちけん》には、近代科学のアプローチとはなじまない面があるかもしれません。しかし、そのさい、近代科学の物差《ものさ》しをもっていっさいを裁断《さいだん》し、それに合わないものを切り捨てていく時代は終わった、と私は思っております。

私は〝反時代的考察《こうさつ》〟を是《ぜ》とする立場はとりませんが、総じて近代文明は、科学技術の主導《しゅどう》のもとで、人間を狭いところへと追い込み、帰《き》するところは人間自体を、宇宙のリズムと切り離されたみじめな「断片《だんぺん》」、D・H・ローレンス*が言うそれとしてしまいました。そうした近代合理《ごうり》主義にもとづくものの見方は、現在、あらゆる意味で相対化を迫《せま》られていると思います。

カズンズ　私もそう思います。

したがって、地球という視座《しざ》から観想《かんそう》して、これこそ大切であろうと思われることを、いくつかあげてみたいと思います。

その一つめに、人間が各自の考え方にしたがっていき、その結果、まちまちの方向へおもむいているというなら、私はそれよりも、人間がみな考える力をもっているというほうを大事にしたい。

その二つめに、各自の求めた信仰が各派に分かれているというなら、私はそれよりも、人間には宗教的信仰ができたというほうを重視したい。

その三つめに、人間が読み書きしてきた書物が、てんでんばらばらなことを言っているというなら、私はそれよりも、人間には印刷術を発明し、これによって、時空《じくう》を超越《ちょうえつ》した意思の疎通《そつう》ができたというほうを大切にしたい。

そして最後に、愉《たの》しむところの美術や音楽にも各派があるというなら、私はそれよりも美術と音楽のなかにある「何か」によって、人間はかたちをなすもの、彩《いろど》りあるもの、旋律《せんりつ》をもつものに深く、しみじみと感応《かんのう》することができたというほうを尊重したい。

これらの経験や体験が基《もとい》になって、およんでは宇宙《うちゅう》における人間の尊貴《そんき》さにしかるべき思いをめぐらせることにもなるでしょう。

池田　すばらしい表現です。まず先入観念《せんにゅうかんねん》をとりはらって、より高い精神性を求めていきたいものです。一念の転換《てんかん》で、人間はもっと広々と大きな人生を生きていけます。

カズンズ　そのさいに助言《じょげん》すべき点は、人間が必要とする種々のものには連鎖《れんさ》の関係があり、それには調和のとれた統一性がなくてはなりませんから、それを壊《こわ》してはいけないということです。

現状は、人間にとって宇宙がいかに優《やさ》しくても、人間の生存条件そのものが危《あや》うくて、やっと調和をたもっているといったふうになっています。

酸素、水、土地、温暖《おんだん》、食物を必要としない人間はいません。これらのどれか一つが欠けても、人間になくてはならぬものたちの統一性は、痛撃《つうげき》をうけます。それとともに、人間も窮地《きゅうち》におちいります。

池田　それに、宗教であれ、学問や芸術であれ、これらは本来、生命の調和の探究《たんきゅう》であり、把握《はあく》であり、その上に開花《かいか》していくものではないでしょうか。しかし人間社会には、さまざまな「分断《ぶんだん》」現象が生じています。小は家族の離間《りかん》から、大は民族間、国家間の抗争《こうそう》にいたるまで。これらも今、地球的規模で問われている環境破壊《はかい》の問題等も、人間と自然との間の「分断」現象の端的《たんてき》な現《あらわ》れにほかなりませんね。これらのすべてが、生命の調和と秩序《ちつじょ》を大きく破壊していますから。

現代社会の課題《かだい》は、この分断されたあらゆる関係性をいかに健全なる結合へと変革していくかにあります。それは、文明それ自体への反省と、人間自身への深い省察《しょうさつ》を要請《ようせい》する戦いでもあります。

一九八八年秋に、私はソ連の作家であるチンギス・アイトマートフ*氏とお会いしました。

氏は、日本を去るにあたって、次の言葉を私に残していかれました。

「これからは新しい世界宗教、新しい宗教的文化的教えを必要とします。これまでの人類の長い歴史のなかで、人間はその精神を、心をバラバラに分断されてしまいました。それを一つの調和へ糾合《きゅうごう》しなければなりません。今それをしないと人類は滅《ほろ》んでしまいます」と。

そして「その調和へのスタートを私は今回見ることができました」と、私どもの運動に期待しておられました。無神論《むしんろん》を国是《こくぜ》とする国の人にしてこの言葉あり——私はそこに〝時代〟の趨勢《すうせい》を感じました。

カズンズ　アイトマートフ氏は私の親しい友人でもあり、それは興味深い発言です。したがって次の課題《かだい》は、人間自身の状況をいかに改《あらた》めるかということになりますね。

つまり、ここで私たちが論じてきた「人類同認《どうにん》」をとおしての自己確認《かくにん》を、今度は人類の安寧《あんねい》という大義のために、いかに活用するか。そして、生命のよって立つ自然の調和が今でも危《あや》ういのに、なおも危うくしている人間の機械文明を、いかに制御《せいぎょ》するか。人類全体の平和社会を、いかにすれば創出《そうしゅつ》できるか。

これらの課題に取り組む教育がほどこされるなら、宇宙《うちゅう》と自然と人間にとって不可欠な認識《にんしき》を得るだけではなく、食物に劣《おと》らず大切な精神の力をもそなえた民衆が、いずこよりか輩出《はいしゅつ》してくるにちがいありません。

このように、より高い境涯《きょうがい》に民衆が立つようにしていくためには、山なす大金も、鳴《な》り物《もの》いりの宣伝も、無用《むよう》の長物《ちょうぶつ》です。

そのリーダーシップは、人類の運命が受託《じゅたく》され、人類の運命を問題にしていますから、民衆は感応《かんのう》してくるはずです。

ローレンス（一八八五年―一九三〇年）　イギリスの小説家、批評家。小学校教師時代に文筆活動を始め文壇に。作品は『息子と恋人』『恋する女たち』『チャタレイ夫人の恋人』など。

アイトマートフ（一九二八年―）　キルギス共和国の作家。ソ連時代、ペレストロイカの旗手的作家として活躍。駐ベルギー大使を歴任。作品に『処刑台』『一世紀より長い一日』などがある。ＳＧＩ会長との対談集『大いなる魂の詩』（読売新聞社刊）は『池田大作全集　第十五巻』および本文庫に収録。

第三章　「希望」の哲学を語る

「楽観主義」と「悲観主義」

池田　カズンズ教授は*膠原病《こうげんびょう》というたいへんな難病《なんびょう》を克服《こくふく》され、その後、重症の心臓病からも回復されております。その記録は教授の著作*『五〇〇分の一の奇蹟《きせき》』と『私は自力《じりき》で心臓病を治した』にくわしく書かれていますが、最近、医学に関する新しい本を出版されましたね。

カズンズ　ええ、『ヘッド・ファースト（脳こそ第一）』という本で、副題には「希望の生命学」とつけました。

池田　興味深い書名ですが、どんな内容ですか。

カズンズ　私は一九七八年からＵＣＬＡ（カリフォルニア大学ロサンゼルス校）医学部の教授になりましたが、その後十年間の大学の研究成果や諸体験をまとめたものです。人間の積極的な情緒《じょうちょ》や心組《こころぐ》みが、身体に生化学的変化を生みだすということを、医学的に実証しようと試《こころ》みました。

池田　教授は一貫して、人間自身の「希望」「信念」「愛」「生きる意欲」などの積極的な力が、病《やまい》の克服《こくふく》に重要な働きをする、と主張されてきましたね。

また、教授の平和への行動、思想に通底《つうてい》しているのも、人間変革への強い志向性《しこうせい》と、人間自身への信頼だと思います。よい意味の「楽観《らっかん》主義」というか、どんなに悲《ひ》観的《かんてき》な時も、人間は希望を捨《す》ててはならないという深い体験のうえからの信念を、私は感じます。

カズンズ　意志の力としての楽観主義は本来、人間が生きるためにも、また文明の進歩のためにも、活力源《かつりょくげん》となるものです。

とはいえ、楽観できる事実があるから、楽観が主義になるのではありません。この主義が根拠《こんきょ》とするのは、現在の事実ではなくて、将来の見込《みこ》みなのです。気分としての悲観主義は、端的《たんてき》にいえば、時間の浪費《ろうひ》です。

池田　フランスの哲学者アラン*の『幸福論』にも「悲観主義は気分のものであり、楽観主義は意志のものである」（串田孫一・中村雄二郎訳、白水社）との名句がありますね。

およそ人間の自由と幸福は、アランの言うような主体的な強い意志によって勝ち取られていくものだと思います。ところが現代ほど、主体性、おおらかさ、未来への希望をもちにくい社会はないかもしれません。

カズンズ　ちなみに、かのテイヤール・ド・シャルダン*が、こう言っています。

「文明の退行《たいこう》、ひいては世界が今にも終末《しゅうまつ》を迎えているようなことなどを弁護して、何も行動せず逃げ口上《こうじょう》を述べるのは安易すぎる。この種の敗北主義は、先天的なものであれ、後天的なものであれ、気取りにすぎないものであれ、われわれの時代につきまとう誘惑《ゆうわく》のように私には思われる。いずれにせよ、敗北主義は健全さと活力《かつりょく》に欠けるし、そうであってはならないのだが、その理由を証明できるかと訊《たず》ねられるなら、私はできると思う」

この言葉をテイヤールが記したのは、世界大戦のさなか、幾《いく》百万の人たちが絶望し、結束《けっそく》をみだしているときでした。つまり自分たちの世界を団結させる見込《みこ》みについては、ただ漠然《ばくぜん》とした言葉で語る人しかいなかったときにです。

膠原病　何らかの免疫系《めんえきけい》の異常によると考えられ、皮膚・筋・関節など全身の結合組織（膠原《こうげん》組織）に炎症や変性を引きおこす病気の総称。発熱・関節痛などのほかに、発疹・皮膚硬化などの症状が見られる。

教授の著作　カズンズ氏の著作のうち邦訳された主なものは、この二冊の他に『ある編集者のオデッセイ』『人間の選択《せんたく》』などがある。

アラン（一八六八年—一九五一年）　フランスの哲学者、批評家。哲学教授ラニョーと出会い、のちに哲学教授の資格を取得。四十一年間、高校教師に徹しモロア、マティス、ヴェイユ、ジャン・プレヴォーなど教え子を優れた思想家等に育てる。

テイヤール・ド・シャルダン（一八八一年—一九五五年）　フランスの古生物学者、神学者。カトリック教会（イエズス会派）と対立し異端《いたん》視された。

本質的に悲劇の時代

池田　いかにもテイヤールらしい言葉です。
　テイヤールは、人間がたがいに傷《きず》つけあっていても、なお愛の抗《こう》しがたい力というものを信じていた人です。おもしろいことに彼の楽観《らっかん》主義は、独特の宇宙《うちゅう》進化論から生まれているともいえますね。
カズンズ　そのとおりです。
池田　彼の宇宙論は、進化という概念《がいねん》が根本に置かれ、宇宙的なものも人格的なものも、同一方向へ進化しているというもので、その到達点《とうたつてん》が〝オメガ点〟とされています。彼の言う〝オメガ点〟の裏づけにはいささか論理の飛躍《ひやく》も感じますが、総じて対立・抗争《こうそう》の歴史だった西洋の科学と宗教の間に橋をわたし、統一的にとらえようという志《し》向《こう》を強くもっていたこと、また、人間と宇宙、精神と物質を一元的にとらえようとしていること等は、共感できる点です。

彼の宇宙《うちゅう》進化論は、その意味で一個の意味論的な世界像を成《な》していましたね。その評価は別として、人間はそうした世界像の構想なくして、目に見える世界だけに心を奪《うば》われていると、悲《ひ》観論《かんろん》の重圧に押しつぶされてしまうと思います。そこからは不毛《ふもう》の対立と不信が増長《ぞうちょう》されていくだけです。現代では、その象徴《しょうちょう》が核軍備の拡大であったといえるでしょう。

カズンズ　現代の圧倒的な事実は、ほとんど悲観主義者の側に根拠《こんきょ》を与えています。世界は総崩《そうくず》れの段階にあるという証拠《しょうこ》こそが、有力ですね。

池田　たしかに人類を取り巻く環境は、かならずしも明るくない。人口、資源、エネルギー、公害、そのうえ人類を百回以上も殺すことのできる大量の核兵器などの問題を考えると、ひところのバラ色の未来論は、夢物語です。

物質の世界は無限ではなく、われわれはいやおうなく、この地球という有限な球体《きゅうたい》の上で生存することを余儀《よぎ》なくされています。その意味では、今日《こんにち》ほど平和と安定への、人間の英知の結集が必要な時代はありません。

かつて（一九八三年一月）、宗教社会学者であるカリフォルニア大学のロバート・

N・ベラー教授と語りあったことを、私は思い起こします。

それは、平和運動といっても、核の脅威《きょうい》や悲惨《ひさん》さを訴《うった》えるのみでは不十分である。ともすれば悲観的《ひかんてき》になり、青年たちに「未来への希望」と「行動への勇気」をわきたたせることができなくなってしまうからである。もっと人間の精神性を高める生きた哲学、宗教運動が必要であり、人生と社会の大きい次元での価値観《かちかん》の変革が大切であるという点で、意見の一致をみました。

そうした観点から、ベラー教授は、私どもの運動に強い期待をよせてくださいました。

カズンズ　現代の悲観主義者の間には、人間のいのちが最高の価値であるという認識《にんしき》は、もはやないように思われます。ことに他者がこうむっている苦悩《くのう》や屈辱《くつじょく》に対しては、繊細《せんさい》な気持ちが、鈍化《どんか》しているのではないでしょうか。

人々は大小さまざまな暴力にいともかんたんに折りあいをつけています。貧困《ひんこん》の屈辱にも怒《いか》りを感じなくなり、公平な社会を求めて行動を起こすこともありません。

一方、精神の働きをゆがめる麻薬《まやく》の力に、自分の脳細胞をゆだねざるをえない人々は、数百万を数えます。機能が麻痺《まひ》した大都会はもはや再建の計画もたたず、急速に悪化の一途《いっと》をたどりつつあり、住みにくい環境に変貌《へんぼう》しています。生命あるものにとっては不可欠な自然の要素が奪《うば》い取られた環境と化《か》しているわけで、空気は吸えなくなる、水は飲めなくなる、といったありさま。天然無垢《むく》の自然の恩恵《おんけい》は無限ではなくなっています。

池田　くわえて現代は心の病《やまい》が人間の数ほどあると言った人がいるように、社会の病《びょう》巣《そう》が、人々の心を憂愁《ゆうしゅう》の雲でおおっているかに見えます。環境の諸条件の悪化にもまして、人々の心が汚染《おせん》され、人類の未来や目的に対して、無関心、無気力になってしまうことこそ、最も憂《うれ》うべきではないでしょうか。

かつて、D・H・ローレンスは「現代は本質的に悲劇《ひげき》の時代である。だからこそわれわれは、この時代を悲劇的なものとして受け入れたがらないのである」（『チャタレイ夫人の恋人』伊藤整訳、『世界文学全集』55所収、筑摩書房）と述べました。

真に悲劇たるゆえんは、悲劇を悲劇として受けとめない心のありさまにこそあるという指摘《してき》は、今なお新しく、大切な視点《してん》をふくんでいます。

人間の内面に豊かな水脈

カズンズ　それらは、人間にありがちな愚《おろ》かさと無分別《むふんべつ》さを物語る例です。それには、どんな対照例《たいしょうれい》を並べたてることができるでしょうか。何が希望の源泉《げんせん》でしょうか。

これは冒頭《ぼうとう》ですでに申し上げたことですが、まず希望がもてることを証明できる事実があり、それがそうだと合理的に評価できるから、楽観論《らっかんろん》が成《な》り立つということは、かつて一度もありませんでした。希望は、そもそもその本質からして、証明可能な事実から独立したものなのです。人間は「よりよいもの」にあこがれます。そのあこがれが、人間的な精神力を生みだしますので、この精神力を解放するところには希望がわいてきますね。

池田　よくわかります。「精神力の解放」というのが一つのカギですね。

私は、フランスの作家アンドレ・マルロー氏とも対談集を編《あ》みました。*そのマルロー氏も一九四五年以来、ともに行動してきたド・ゴール将軍のことを紹介していたので、よく覚《おぼ》えているのですが、ド・ゴール*は「希望はまさに人間にしかないものらしい。そこで、個人においては、希望の終りは死のはじまりと思いたまえ」（『倒された樫《かし》の木』新庄嘉章訳、新潮選書）との言葉を残しています。

私は、彼の歴史観、国家観にはかならずしも同調しませんが、ナチス占領下《せんりょうか》の祖国《そこく》へ不屈《ふくつ》のメッセージを送りつづけ、〝フランスの栄光〟を求めたド・ゴールらしい言葉だと感銘《かんめい》を深くしたものです。

カズンズ　その、希望を受け入れる雅量《がりょう》をそなえていることが、人間の生命についていえる最も偉大な事柄《ことがら》ではないでしょうか。希望があれば計画が立てられ、目的観が生まれ、目的を達成する方途《ほうと》も自覚され、行動にうつる活力《かつりょく》も自得《じとく》できるでしょう。感覚を敏活《びんかつ》にするのも、拡大するのも、まさに希望しだいです。とともに、気分にも現実にも、それなりの価値《かち》を付加《ふか》するのが、この希望というものです。

ゆえに楽観論《らっかんろん》は希望こそが生みだす、そのような現象にもとづいて成立します。今《こん》日《にち》、人々が消極的になっているのは、現実の重荷《おもに》のためではなく、理想が欠如《けつじょ》しているからだといえるでしょう。

理想、あるいは大いなる夢でもいいのですが、これが健全であるなら、いかなる現実もこれには張りあえない。たとえば人間を月に送り込んだのは、もちろん科学ですが、それにもまして人間を動機づけたのは、想像力ではなかったでしょうか。人間の独自さは、見果《みは》てぬ夢をいだきうることに代表されます。そしてこの夢想《むそう》能力があればこそ、いろいろ手のこんだ悲観論《ひかんろん》があろうと、それを打破《だは》して不可能といわれていることも可能にしてみせる、といえるわけですね。

池田　私もまったく同感です。まさしく現代の人々に欠如《けつじょ》しているのは、精神の豊かさです。人々は物質的な豊かさを追い求めるあまり、目先のことにしか目が向かず、理想を追求する人間本来の力を衰弱《すいじゃく》させているともいえます。人間があまりにも小さな存在になってしまった。そのことに人々がもう一度、気づかねばならない時代にきていると思います。

カズンズ　そう考えてくると、その人自身の想像力をよみがえらせることが、先決ですね。

では何についての想像力が大切なのか。これが、次に論じられるべきでしょう。

私が思うに、どんな人生が望ましいかについての想像力、あますところなく英知を活用していくなら、世界と芸術はどんなに健全かつ繊細《せんさい》な精神に満ちるかについての想像力、新しい制度の創始《そうし》、新しい解決法の発見、新しい可能性の自覚のために、どういう能力が人間にはあるのかについての想像力――なによりも、これらをよみがえらせることが先決です。

池田　いわば人間の再発見ですね。いつの時代も、人々は新たな世界を求めて、冒険《ぼうけん》につぐ冒険を繰《く》り返してきました。そのいわば〝外面への冒険〟は、現在では、宇宙《うちゅう》空間にまでおよんでいます。

それとともに私は、人間の心の世界を開拓する〝内面への冒険〟ともいうべきものが、なされなければならないと思っています。〝内面への冒険〟の途上《とじょう》には、新大陸を発見したり、宇宙空間を旅するのにもまして、心おどる出来事が待っているということを、人々はもっと知らねばならない。

東洋の思想や宗教は、じつはこの内面世界の、すなわち生命の世界の深遠《しんえん》さを、豊かな思索《しさく》への光源《こうげん》としております。東洋的な考え方にあっては、いかなる理論的な探《たん》求《きゅう》や展開も、自己の内面の掘り下げと関係づけながらなされている、と言っても過言《かごん》ではありません。その内面世界の深古《じんこ》幽遠《ゆうえん》――問題は、それをどのようにして知り、輝《かがや》かせていくかですね。

カズンズ　希望は、命令したからといって、わいてはきません。絶望している人に、輝かしい理想を創出《そうしゅつ》したまえ、と命じるわけにはいきません。しかし、自己の内面を見つめ、自己を再発見するよう、励《はげ》ましてはいけるでしょう。絶望している人たちにも、想像力は生来《せいらい》そなわったものであり、視《し》野を広げていけばいいのですよ、そのことに自信をもちなさい、といえるでしょう。将来の展望を明るくするのも、暗くするのも、結局は、何を危機にさらすかによるのであって、危機そのものが明暗《めいあん》を分けるのではないということになりますね。

もちろん、現に水素《すいそ》爆弾《ばくだん》が存在しています。大陸間弾道《だんどう》ミサイルが配備《はいび》されています。政治家がもたもたしている間は、核のヒューズがパチパチ火花をたてているといっても、おそらく過言ではない。

現在はそうした状況ですが、真の平和への突破《とっぱ》口《こう》は、人類の力のおよばないところにあるわけではない。けだし私たちの時代ほど、抜本的《ばっぽんてき》変革をなしとげるのに、条件がそろった時代はかつて史上になかったといえるでしょう。実際、全人類の需要《じゅよう》をみたすように地球を開発しようとすれば、それはできるといえる時代になっています。これは未曾有《みぞう》のことです。

池田　たしかに転換《てんかん》の時代に入っています。ただし科学技術の進歩にくらべ、政治の遅れはいかんともしがたい。それが大きなネックになっています。

カズンズ　そのことは当然、考えておく必要がありますが、ともかく病苦《びょうく》にしても、貧困《ひんこん》にしても、克服《こくふく》できることは明らかです。飢《う》えや渇《かわ》きも技術的にはなくせます。たとえば太陽熱をコントロールすると光合成《こうごうせい》ができるというのは、具体的な見込《みこ》みが立っているでしょう。そのように時間の猶予《ゆうよ》さえあれば、かつてはまったく不可能だった規模と程度にまで、創造的《そうぞうてき》な開発をなしとげていくゆとりを人間はもてるようになっています。これは、人間のなかに固有の潜在《せんざい》能力源がそなわっていることを物語る一例ですね。

池田　人間の創造力には限りない可能性が秘《ひ》められています。と同時に、愚《おろ》かな歴史を繰《く》り返してきたのも、人間社会の否定できない側面です。「人間」をトータルにとらえる場合、この点もしっかりおさえておく必要があると思います。

このままでは、手段にしかすぎないものが、しだいに目的と化《か》し、人間が、自分で生みだしたものに逆に支配されるという結末を招《まね》きかねない。現代の科学技術文明も、その恐《おそ》れが十分あります。

人間は、その英知によってこれらの課題《かだい》を解決していかねばなりません。私はそこに、宗教の存在価値《かち》があると考えております。個人の信仰という面でももちろんそうですが、平和的、文化的な社会を築いていくための宗教運動という次元でも、もう一度、この点を見直す必要があるでしょう。

事実、日本でも、一人一人の生き方そのものが問い直されつつあります。そして科学技術の善用《ぜんよう》が、これからの発展の要諦《ようてい》です。

カズンズ　そのとおりですね。

対談集　マルロー氏とSGI会長との対談集は『人間革命と人間の条件』のタイトルで

一九七六年八月、潮出版社から刊行された。

ド・ゴール（一八九〇年―一九七〇年）　フランスの軍人、政治家。戦時中はレジスタンスの結集をはかり、パリ開放後は政府の要職をつとめ、フランス第五共和制初代大統領に就任〈一九五八―六九〉。

〝宇宙空間から地球を眺《なが》める〟

カズンズ　そこで、とくに近来の、四十五年を顧《かえり》みてみましょう。この間に人類が容《よう》認《にん》しなければならなかった急進的な変革は、それこそ有史以来、最大のものでした。

この変革は科学はもとより、およそ知《ち》の体系《たいけい》の全体にわたるものです。たとえば、原子力を解《と》き放つことによってもたらされた変化の代表例は、人間の科学的な英知を活用したいかなる前例よりも、重大な意味をもつものですね。

また、宇宙《うちゅう》の探査《たんさ》に代表される地球引力からの脱出という例では、その影響が物理学を直撃《ちょくげき》したことはもちろんですが、その波及効果《はきゅうこうか》はむしろ哲学に深刻《しんこく》な衝撃《しょうげき》を与えました。新しい視《し》野《や》がいきなり開け、考え方そのものにも変革が迫《せま》られています。

池田　コペルニクスによる古代的、中世的な世界像の破壊《はかい》――いわゆる〝コペルニクス的転回《てんかい》〟は、新たな世界像を生んだというよりも、世界像なき時代の招来《しょうらい》であった、とする見解があります。それには、たしかに一理あります。「思惟《しい》する自我《じが》」を機軸《きじく》にする主観世界と、「延長」を属性とする客観世界とを対峙《たいじ》させる二元論的、機械論的世界観が、何といっても近代の主流をなしたことは疑いをいれません。

しかしひるがえって、それがはたして統一的な世界像であったかどうかは、疑問であると思います。知ることによって支配し、征服《せいふく》する対象であった客観世界が、人々にとって有機的な意味あいをもっていたかどうか。

かつてポール・ヴァレリー*が、「後にいたってわれわれが、われわれの宇宙《うちゅう》から一切の生命を排除《はいじょ》することに哲学を用いたのと同じ熱意をこめて、古人は宇宙に生命をはびこらせることに彼らの哲学を用いた」(「神話に関する小書簡」伊吹武彦訳、『ヴァレリー全集』9所収、筑摩書房)と述べているように、生命なき世界像とは、世界像の名に値《あたい》しないからです。

はたせるかな、今世紀における量子論や相対性理論の登場は、不変かつ不動の主観・主体などというものの足下《そっか》を掘りくずしました。また、地球引力を脱出して宇宙空間から地球を眺《なが》めるという体験は、人間中心的なものの考え方に、よい意味での相対化をもたらしました。

カズンズ　人間の頭脳がおぼろ気《げ》であろうと、初めて宇宙《うちゅう》の意味を理解するようになったことは、なんといっても大きいですね。

地球はもちろん太陽系そのものが、宇宙の全体のなかでは極小《きょくしょう》な場を占《し》めているにすぎない。それはたとえていえば、地球に対しての原子ほどにも大きな場ではないということでしょう。この点を人間が知覚《ちかく》するのは、じつに初めてのことでしょう。

こうなると、未来の展望には、単純ならざる要素がふくまれていても、眺望《ちょうぼう》が得られないということではないと思います。

私たちに必要な見通しがたつか否《いな》かは、人間の身体的な資質《ししつ》にかかわる物理学的な問題というより、精神的な資質である想像力のいかんによるところが大きいということになりますね。

ヴァレリー（一八七一年―一九四五年）　フランスの詩人、思想家。手本となる音楽性豊かな象徴詩《しょうちょうし》をつくる。詩集『若きパルク』、評論『ヴァリエテ』ほか。

決定論でなく可能性の追求を

池田　現在は、宇宙《うちゅう》も人間もともにつらぬく万物《ばんぶつ》の一体性というか、よりホーリスティック（全体的）な法則が、模索《もさく》される時代にきているようです。興味深いことに、私が一九八三年にお会いしたアメリカの元宇宙飛行士のジェラルド・P・カー博士らも、同じ趣旨《しゅし》のことをみずからの宇宙体験をふまえて語っておられました。

カー博士の強調されたのは、〝宇宙の秩序《ちつじょ》ある運行〟という点ですが、私はそこから、仏法のものの見方に非常に近接《きんせつ》している、との感触《かんしょく》をもちました。宇宙に即《そく》して自分をとらえ、また自分に即して宇宙を考察《こうさつ》する仏法の知見《ちけん》は、新しい世界観、宇宙観の形成に資《し》するところ大であると私は信じています。とともに、彼ら宇宙飛行士が共通していだいているのは、同じ惑星《わくせい》の住民として、人類は平和をめざすべきだという信念です。

カズンズ　運命論的な見方も、決定論的な諦観《ていかん》も、無用《むよう》です。もう手遅《ておく》れだという必要はまるでないと思います。現代の世界の変化に対応していくには、状況の全体的な把握《はあく》が不可欠ですが、それは不可能であるというのは、悪しき決定論です。人類が生きのびていくには、発想《はっそう》を転換《てんかん》し、種々の転換能力が解《と》きはなたれねばなりませんが、それには何百年もの時間がかかるというのも、また悲観論《ひかんろん》の悪いところです。そういう論法は、いずれも無用《むよう》の長物《ちょうぶつ》であろうと私は思います。

私たちは、何が不可能かというよりも、何が可能かを明確に主張すべきですね。まず大局観《たいきょくかん》に立つことは可能でしょう。偉大なものに感応《かんのう》する偉大な資質《ししつ》は、すでに人間に内在《ないざい》しています。したがって、その資質を喚起《かんき》して、顕現《けんげん》していくことだけが、課題《かだい》です。自己を鍛《きた》えて、より完全なあり方に近づき、境涯《きょうがい》そのものを大きくしていく。人間には、そうしていける資質が無限にそなわっていますから、詮《せん》ずるところは、これらの尊極《そんごく》なる資質を触発《しょくはつ》していく。そうした生き方ができるからこそ、人間はとくにめぐまれているのだと訴《うった》えていけばいいですね。

池田 その深い自覚が大切でしょうね。

カズンズ これまでの歴史をみても、偉大な目的にめざめた人たちが輩出《はいしゅつ》して、十分な数に達した時には、突如《とつじょ》として状況が変わっています。歴史の教訓《きょうくん》のなかでも、実際、これほどめざましい証《あかし》はありません。人間の尊厳《そんげん》を主張し、やがてつづく世代の主張も受け入れる積極論者には、この目的にめざめた人たちが輩出《はいしゅつ》するときが、えもいえぬ時代開拓の黄金期ではないでしょうか。ああ、生きていてよかった、と歓喜《かんき》できるのは、その時でしょう。

池田　カズンズ教授は、いかなる意味でもセクト主義ではなく、数十年間にわたり「人間」を友とし、「人類の未来」を展望されてきました。何が不可能かよりも、何が可能かを明確に主張すべきだという教授の意見に、私は全面的に賛同《さんどう》します。

とくに人間の「尊極《そんごく》なる資質《ししつ》を触発《しょくはつ》する」と言われるところには、非常に重大な意味があると思います。そこにこそ、すばらしい可能性がはらまれており、新しい〝哲学〟が見えてきます。真に人間らしい〝詩〟と〝ロマン〟も生まれます。じつのところ、人類の未来を語るには外的な条件よりも、そうした内的要件から始めなければならないでしょう。私どもが進めている仏法運動の性格を〝人間革命を第一義とし、社会の変革へ〟と意義づけているのも、そのためです。

第四章　首脳会談と民間外交

「人類」という発想に立ち

池田　三年ぶり（一九九〇年二月）にロサンゼルスでお会いでき、本当にうれしく思います。

教授との対談は日本で大きな反響《はんきょう》を呼んでいます。教授のヒューマンな行動、また核廃絶《はいぜつ》へのご意見には、広島、長崎の方々をはじめ多くの知識人、青年たちから、共感の声が寄せられました。

カズンズ　私も再会の機会にあずかり、こんなにうれしいことはありません。日本での大きな反響ですが、それは対談の相手がすばらしいからです。話を巧《たく》みにリードしてくださった結果と感謝します。

池田　とんでもない、謙虚《けんきょ》なお言葉に恐縮《きょうしゅく》します。

カズンズ　これからもよく連携《れんけい》をとりあって、対話を進めていきたいと願っております。

池田 今回は「首脳《しゅのう》会談と民間外交」というテーマで語りあいたいと思います。教授は、かつてケネディ大統領の特使として、単身《たんしん》訪ソし、フルシチョフ首相とひざ詰《づ》めで会談するなど、国際的舞台で活躍された経験をもたれています。

公私《こうし》にわたって、米ソ関係の改善に尽力《じんりょく》してこられ、昨今の大きな変化にはさまざまな感慨《かんがい》があると思いますが。

カズンズ ええ、そのテーマについては、これまでいろいろ考えるところがあり、私なりに行動もしてまいりました。

池田 昨年(一九八九年)は十二月にマルタ沖で米ソ首脳会談が開かれ、長くつづいた冷戦《れいせん》に終止符《しゅうしふ》が打たれました。*ポツダム体制から新たな時代への移行《いこう》ということで、八〇年代を締《し》めくくるにふさわしい首脳同士の対話になったと思います。

私はかねてから世界の平和を願う一市民として、機会あるごとに米ソ首脳会談の重要性を訴《うった》えてきましたが、一九八五年(昭和六十年)にジュネーブで開催されて以来、米ソ間の対話は軌道《きどう》に乗り始めました。

本年九〇年に入ってからも、六月の首脳会談が決まっており、いかなる前進がもたらされるか、人々の期待もさらに大きくなっております。むろん前途《ぜんと》には越えなくてはならない課題《かだい》が多くありますが、〝継続《けいぞく》は力なり〟をモットーに、十分な成果をあげるまで、ねばり強い努力がかさねられることを念願しております。

カズンズ　マルタの首脳《しゅのう》会談の最も重要な点は、長い冷戦《れいせん》関係を終わらせるために、米ソの首脳が会い、その幕引《まくひ》きをしたという事実にあります。

ブッシュ米大統領が、レーガン－ゴルバチョフ間の良好な関係をそのまま継続させた意義は大きいと思います。

池田　首脳同士が直接会って意見を交換するのは、直接的な政策面への影響だけでなく、何よりも米ソ間に根強く存在している不信感を取り除く契機《けいき》となるでしょう。そしてこの不信感の除去《じょきょ》こそ、長期的にみて、軍縮《ぐんしゅく》を可能にし両国間の関係を実《みの》りあるものにする、土壌《どじょう》づくりになるのではないでしょうか。

カズンズ　私もそう思います。厳《きび》しくいえば、米ソはおたがいのことのみに忙殺《ぼうさつ》されすぎていました。徐々にいい方向に進んではいますが、大戦後の両国の間柄《あいだがら》は、あたかも二人のナルシスト（自己陶酔者《とうすいしゃ》）が相対《あいたい》しているのに近いものでした。そうした間柄《あいだがら》には両国の対立に介在《かいざい》する問題さえ解決できれば、世は事もなし、といった自己満足の気配すら感じられました。

たしかに、米ソは相互の間に問題があります。その解決のために、なしうることは何でもなさねばなりません。けれども、今までのやり方だけではいけません。世界自体が多事多難《たじたなん》ですから、超大国といえども心を一つにしてあたるべきです。この点は、明らかに欠けていました。

他の国々に呼びかける場合でも、米ソはバラバラに競《きそ》いあってきましたが、自分だけに都合のいい話を聞く耳は、世界はもちあわせておりません。みなが耳を澄《す》まして待っているのは、米国とソ連がたがいに力を合わせ、環境悪化、大量飢餓《きが》、難民等の地球的諸問題を解決するために、何をなすつもりなのかというニュースです。

池田　そうした傾向におちいってきた最大の悪因は、やはり米ソの長い間の二極構造にあったと思います。

世界が不安定な状況であるにもかかわらず、〝米ソによる平和〟(*パックス・ルッソ・アメリカーナ)といった状況がつづくと、自分たちが世界の平和をとりしきっているような錯覚《さっかく》におちいりやすかったのではないでしょうか。その結果、本来なすべきことの本質が見えなかった。

しかも、米ソの権力は、世界の大部分の核を独占《どくせん》してきただけに、なおのこと不気味さをもたらしてきました。核保有国の指導者を、核兵器という〝剣《つるぎ》〟の下で戦々《せんせん》恐々《きょうきょう》としている現代の〝ダモクレス〟にたとえたケネディ大統領のような政治家でも、その呪縛《じゅばく》から逃《のが》れるために、何をなすべきかという具体的展望が、見えていたかどうか。むしろ、細い糸で頭上に吊《つ》り下げられた〝ダモクレスの剣〟*の脅威《きょうい》のほうが、念頭《ねんとう》を占《し》めていたのではないかと思われてなりません。

カズンズ　何をなすべきかというなかには、全地球的な次元や観点で、一つ一つの問題に答えを出していくことが、前提《ぜんてい》になければなりません。

ですから、軍事と国家が密着《みっちゃく》したテロ行為の問題に対応するのはむろんのこと、局地的な紛争《ふんそう》、それぞれの社会の不公正などの諸問題に取り組むのが大国らしいあり方だと、私はそこまで言及《げんきゅう》したいのです。

現に脅《おびや》かされているのは、私たちが共々に住んでいる地球の安全です。この安全がまず確保され、人間らしい生活が健全にいとなめるようにしなくてはなりませんね。米ソ両大国がにらみあう視線を、この大問題に向けることができるなら、それだけでも大きな変化というべきでしょうし、その場合にはいろいろな可能性が生まれてくると思うのです。人類共同の安全保障が推進されるにつれ、大国間の安全保障も確実なものになります。この大筋《おおすじ》でいくなら、今後の首脳《しゅのう》会談には十分な可能性がふくまれていると思います。

池田 ようやくにして米ソは大筋として、その方向に向かいつつあるといえるのではないでしょうか。

なんといっても、ソ連にゴルバチョフ大統領が登場したことが大きかった。国内事情もあるでしょうが、「新思考《しんしこう》」のスローガンのもとに、全地球的な発想《はっそう》で軍縮《ぐんしゅく》政策を次々と打ち出してきたことが、世界に大きなインパクトを与えました。

カズンズ ゴルバチョフ大統領のグローバルな思考は、歴史的に正しいものです。しかしソ連国内の民族問題のゆくえがどうなるか、たいへん心配しております。もしこれをうまく乗り切れるなら、米ソ関係はさらに前進するでしょう。

池田　それと、八七年末のワシントンでの首脳《しゅのう》会談で調印され、引きつづきモクスワ会談で発効《はっこう》にいたったＩＮＦ（中距離核戦力）全廃《ぜんぱい》条約の意義も大きかったと思います。なかでも、この条約に盛《も》り込まれた相互査察《ささつ》についての合意《ごうい》は、今までの否定的な考え方を根本的にくつがえしたからです。この査察は、武装権《ぶそうけん》という、国家主権に直接かかわる問題です。

主権国家の権限が相対化されていく流れは、十七世紀にウェストファリア条約*のもとに主権国家の枠組《わくぐ》みが固まって以来の、まさに画期的《かっきてき》な出来事といっても、過言《かごん》ではないでしょう。

私は、こうした米ソ首脳会談での一連の成果を、超大国の首脳が〝核状況〟下において主権国家システムの限界をようやく認識《にんしき》し始めたという象徴的《しょうちょうてき》な事例とみたい。そして首脳会談が端緒《たんしょ》となり、「国益から人類益へ」「国家主権から人類主権へ」という発想《はっそう》が、全世界の共通認識として定着していくよう望んでいます。

カズンズ　そうした望ましい方向に、ぜひ進んでほしいものです。

ポツダム体制　ポツダム会談は一九四五年七月から八月にかけてベルリン西郊のポツダムで米・英・ソの三国首脳《しゅのう》が会見し、ドイツの分割処理、日本の降伏条件等を決定した。大戦後のヨーロッパの再配置を定めたこのポツダム体制により東西冷戦《れいせん》の対立構造が長くつづくことになった。

パックス・ルッソ・アメリカーナ　冷戦下《れいせんか》、米ソ両大国の核兵器による恐怖《きょうふ》の均衡《きんこう》によって維持《いじ》されていた平和。

ダモクレスの剣　シチリアのシラクサの僭主ディオニシオス一世の臣下ダモクレスが、僭主の繁栄をたたえたことに対し、ディオニシオスは天井から馬の尾の毛一本でつるした剣《つるぎ》の真下にある王座に彼を座らせ、権力者の幸福がつねに危機ととなり合わせであることを教えた。

ウェストファリア条約　一六四八年に締結された三十年戦争終結の講和条約。参加したヨーロッパ各国・領邦国家、計六十六カ国の利害が対立し、講和会議は長期化。神聖ローマ帝国内の諸国の分立が進み帝国は形骸化《けいがいか》した。本書一九四ジペーの「バランス・オブ・パワー」の項参照。

「国家の顔」から「人間の顔」へ

カズンズ　これまでは、世界が重大な難局《なんきょく》にたちいたったときだけ、やむをえないので首脳《しゅのう》会談の開催を――という要請《ようせい》できたわけですね。とにかく権力の最高位者を同じテーブルにつかせることができれば、恒久《こうきゅう》平和の基礎も固められるだろう、という思いが一般にもありました。

しかし今日《こんにち》では、地位のうえで最高の人物を会談させるだけで、事《こと》たりるわけにはいかなくなりました。それだけでなく、思想のうえでも最高の人物を結集して、会議を開かなくては十分でありません。私たちが求めている平和は、どこかの山に入って、魔法《まほう》を習ってくれば、見つかるだろうといった安直《あんちょく》なものではありません。そうではなくて、高遠《こうえん》なる理想と目的を実現することのなかに得られるもの、それが現代に不可欠な平和です。

そして、このような会議への参加者の信任状《しんにんじょう》ですが、これにはただリボンをかけ、肩書《かたがき》を麗々《れいれい》しくうたってあるだけではなく、内実《ないじつ》に能力がともなっていなくては、いかんともしがたいでしょう。この地球に人々が住みつづけられるように、あらゆる国でまったく新たに人間的な生き方を創出《そうしゅつ》していく英知がともなっていないと、これまた、いかんともしがたいと思います。

池田　私も、首脳《しゅのう》会談には、そうした内実をふまえていく論議が期待されると思います。

一国の最高指導者は、核時代にあっては、その国の運命を、いやおうなく人類の運命と連動《れんどう》させて考えていくべきです。優《すぐ》れた指導者であればあるほど、責任感のおもむくところ、発想《はっそう》を転換《てんかん》せざるをえないはずです。すなわち「国家の顔」から「人間の顔」あるいは「人類の顔」への発想の転換です。

さらに外交関係にも「国家の顔」から「人間の顔」をどうきわだたせていくか。外交官を中心とした外交関係はもちろん大切です。と同時に、そうした〝国家の代表〟の立場とは別に、国益という枠《わく》を超《こ》える次元での交流が必要になってきています。

その作業は、おっしゃるとおり「思想のうえでも最高の人物」による賢人《けんじん》会議のようなものも必要でしょう。また、国益の呪縛《じゅばく》からの解放という点では、さまざまな民間外交が学術、芸術、スポーツ、またある意味では商取引や観光の往来《おうらい》であっても、「人間の顔」をきわだたせることによって、むしろ力をもつ場合があるでしょう。

実際、現代のように国家の論理がわがもの顔に跳梁《ちょうりょう》している時代にあっても、学者や芸術家、スポーツ選手等の間には、多少の政治的曲折《きょくせつ》があろうと、微動《びどう》だにしない信頼と友情の花が開いている場合が、しばしば見られます。日本でも、最近は〝民際《みんさい》外交〟という言葉がよく使われています。

カズンズ　大局観《たいきょくかん》に立ち、再言《さいげん》すれば、サミット（頂上会談）といえども今世紀の最も切実な問題に対応しようとしないかぎり、世界の市民の希求《ききゅう》を正しく反映しているとはいえないと思います。その問題とは、平和の創出《そうしゅつ》も、自由の保障も、進展していく世界の諸目的への奉仕《ほうし》も、国家が絶対主権をもっているかぎり、達成できないということです。

絶対主権を国家がもっているという問題こそ、秩序《ちつじょ》のない世界の紛争《ふんそう》の火に油をそそぎ、この無秩序の淵底《えんてい》にひそむ危機の火種《ひだね》をあおるものです。米ソに関していえば、イデオロギーの対決に決着がつきさえすれば、おのずから平和がやってくるというのは、もとより誤《あやま》りです。

もちろん、世界政府のような、より高位の権威《けんい》機関を創設《そうせつ》し、発言権はこれに与えねばならないという点を、権力の最高位者同士が言いあうのは容易なことではありません。問題はそこにあります。既成《きせい》の事実として絶対主権国家の首席代表たる彼らが、代案として主権の共同管理を提議《ていぎ》するのも、容易ならざることです。

しかし、いかに困難だろうと、世界の平和を実現するのが目的であれば、おこない難《がた》いこともおこなっていかなくてはなりません。

個々の市民に火器の保持を認《みと》めるのは、よくないことだとしながら、六十万年にわたる人類の進化も一瞬のうちに無《む》にしてしまう手段を、国家が保有するのは正当だとされているのは、いったいなぜか。国家の指導者は、この問題を真剣に考えてみるべきです。というのも、核兵器はもとより、大量殺傷《さっしょう》手段を禁止しないかぎり、また、このことに関して諸国家が世界法を確立しないかぎり、国内法はむしろ新たな原始時代を招《まね》くものであるとしか考えられないからです。

比重高まる民間外交

池田　国家でも、とくに絶対主権国家の交戦権というものが、はたして是認《ぜにん》されてよいかどうか。これからの指導者は、この点の疑問を、つねにみずからに問いかける必要があると私も思います。

私は本年初頭にも、平和へのいくつかの提言《ていげん》*をいたしました。その一つに、日本国憲法が規定する「交戦権の否認《ひにん》」を世界各国の憲法が導入《どうにゅう》する道を探《さぐ》ることを提案《ていあん》しました。そして、それを民衆レベルの運動として進めるために、国連NGO*が「世界不戦キャンペーン」を推進してほしい、と申し述べました。国家の指導者に発想《はっそう》を転換《てんかん》させるためには、民衆の力を結集して、そうした方向に生かしていく以外にないと私は考えております。

カズンズ　それは、タイムリーな提案ですね。今のところ、米ソ関係は順調に進んでいますが、不確定《ふかくてい》要素がないわけではありません。また、軍拡《ぐんかく》競争が再開される可能性が、一〇〇パーセントないわけではない。だから、世界の平和は米ソ二大国の関係だけに依存《いそん》してはならない。世界全体の望ましい安全保障を創出《そうしゅつ》することによって、米ソが協力しつつ、国連のなかで諸問題の解決をはかる体制が考えられなくてはなりません。

池田　国連を重視するという教授の考え方に一〇〇パーセント賛成です。次に「国家」とは対極《たいきょく》をなす「人間」を表《おもて》にした外交の可能性について、もう少し話しあってみたいと思います。

先ほども申しましたが、従来の国家外交は国益という枠内《わくない》でしか、ものが見えない硬直性《こうちょくせい》をもっていました。それに対し、民間外交は「国家の顔」でなく、「人間の顔」を表にたてることができるという利点をもちます。

私自身、これまで四十数ヵ国を訪問し、〝人間外交〟の可能性を、私なりに追求してきました。これまで民間人としての交流に大きな実績をあげてこられた教授は、現代における「民間外交」の役割を、どう位置づけられていますか。

カズンズ　私自身が直接かかわったいくつかの具体例をとおし、話を進めたいと思います。

その一つは、一九六〇年におこなわれた「ダートマス会議」です。これは、米国のニューハンプシャー州のダートマス大学で二週間にわたり、米ソの民間人が対話をかさねる会議でした。

討議《とうぎ》事項は、米ソ関係から世界平和に関することまで広範囲《こうはんい》にわたりました。そして、この会議を通じて実《みの》りのある交流へ、回路《かいろ》が開かれたと思います。

まず人間関係が確立されました。それも一対一の関係になりました。会議の場でもおのおのが一人対一人という人間的な立場を尊重しながら、その人の名前によって親《しん》密《みつ》に対話を進めたのです。

ですから、朝食の食卓でとなりあわせになりますと、食後もいっしょに大学の構内を散歩し、ユーモアまじりの話を、そして時にはユーモアぬきの話もかわしますし、おたがいに家族の写真の見せあいにもおよぶわけです。

また、ともに秋の自然の饗宴《きょうえん》にあずかり、紅葉した樹木や季節の花々を賛嘆《さんたん》しあう、ということにもなります。

池田　非常にいい発想《はっそう》です。まだ、自由主義と共産主義という対決イデオロギーが色《いろ》濃《こ》く世界をおおっていた一九六〇年（昭和三十五年）という時代に、アメリカ側がイニシアチブ（主導権）をとって、ソ連の民間人のそうそうたる面々を招《まね》くという試《こころ》み自体、たいへん新鮮なものを感じます。

たがいに人間同士であるというのは当然のことですが、人類は長い間、このことを行動のうえで自覚できないできたといえましょう。異国人たちも同じく家族のことを思い、平和や幸福を願っているという平凡な事実になかなか目が向きません。鉄のカーテンの向こう側に自分たちとは違ったタイプの人間がいると思い込み、いらざる不信と対立に流されてしまった時代がありました。それは、開かれた人間同士の接触《せっしょく》がなかったことが大きな原因でしたね。

カズンズ　私どもの希望が、国家対国家とは別枠《べつわく》の話しあいを進めうる準拠《じゅんきょ》を確立できるのではないか、という点にあったのはもちろんです。それが確立されたら、ただたんなる「国益」をめざすのではなく、相互の「人間益」をめざして、あるいはたんに「民族益」をめざすのではなく、相互に「人類益」をめざして、諸問題の検討と考《こう》察《さつ》ができるのではないか、というのが双方《そうほう》、共通のねらいでした。

この当初の目的は十分に達成されたとはいえないかもしれませんが、しかし、たがいに話しあってみると、かくも人間同士として認識《にんしき》しあえるものか――と驚《おどろ》きあう場合がしばしばありました。

その驚きがじつは、どちらの側にもショックになったとさえいうべき場面がありましたから、とにかくそれが、少なくとも成果だったといえるでしょう。

池田　人間同士として理解しあうことの大切さ、まさに私の言いたい点を教授に代弁《だいべん》していただきました。

私は、これまで民間人の立場から交流を進めるため、ソ連や中国などの社会主義諸国もいくどか訪問してきました。

私の経験から言えることは、どこの国であれ、そこには人間がいる。その人間と、イデオロギーや体制を超《こ》えて、対等かつ平等に交流をはかるべきである、ということです。

結局、「国家」の関係といっても、帰着《きちゃく》するところは「人間」の関係になるわけです。私はこの原点に立って、各界各層の方々と交流を進めてきたつもりです。

これは民間の交流でも、首脳《しゅのう》会談の場合でもいえることですが、「人間を信ずる」こと、そして「動く」こと、この二点が、実《みの》りある「対話」を結実《けつじつ》させる要諦《ようてい》ではないでしょうか。

元駐ソ米大使でプリンストン大学名誉教授のジョージ・ケナン*氏は、「勇敢《ゆうかん》に思い切った一歩を踏み出すこと」を訴《うった》え、「それは誇張《こちょう》された不安、勝手な想像力から生じた悪夢、破壊力《はかいりょく》の複雑な計算といった、近年われわれすべてがはまり込んでしまった罠《わな》を大胆《だいたん》に切り捨てて進むことなのだ」（『核の迷妄』佐々木担・佐々木文子訳、社会思想社）と述べております。

結局、勇気ある〝一歩〟と人間同士の率直《そっちょく》な魂の交流というものが、大きな障壁《しょうへき》を越えるカギではないかというのが私の結論です。

その点、ダートマス会議が、一人対一人という人間的な立場で対話を進めたということは、たいへん大事な点だと思います。

カズンズ ダートマス会議につづいて、その翌年にアメリカ人がソ連に行って開いたのが、クリミア会議でした。この両会議を通じて、何はともあれ、米ソ間の人間的な関係を民間人同士の交流によって結び、そこからさらにはば広い交流を生みだす道筋《みちすじ》をつけておこうという目的に前進が見られました。

ただし、ソ連に飛び込んでいきさえすれば、親密《しんみつ》な関係が、春季にチューリップの花をつむように労《ろう》せずして得られると思ったら、むろん浅はかです。それ相応《そうおう》の開拓、十分な土壌《どじょう》づくりが必須《ひっす》の条件であることは、いかなる場合とも変わりません。ましてソ連の民間にはおよそ、外国人とはあまり深くかかわらないほうがいいといった気兼《きが》ねが、今日《こんにち》でもありますから……。

池田　ペレストロイカの進行につれて、ソ連市民の変容《へんよう》ぶりもいちじるしいですね。〝公〟の場では型《かた》どおりの公式発言を繰《く》り返し、あとは〝私〟生活の場に閉《と》じこもるという、かつての閉鎖性《へいさせい》は急速に崩《くず》れつつあり、とくにモスクワなどの大都市では人々が驚《おどろ》くほど率直《そっちょく》、大胆《だいたん》に自分の意見を言うようになってきているようです。

カズンズ　たしかに民衆の対応ぶりは、すばやく円滑《えんかつ》です。実際、朝晩顔をあわせていると、世界広しといえども、ソ連のように民衆の肌合《はだあ》いがあたたかく感じられる国は、そうざらにはないように思います。それはアメリカ人にとっても同じです。

池田 私もソ連の人々と交流をかさねるなかで、あたたかく実直《じっちょく》な民衆の心というものを強く感じました。私のみならず、訪ソした創価学会の関係者は異口同音《いくどうおん》に、そういった印象を語っています。

これまで創価大学とモスクワ大学の学術、教育交流、シルクロードの学術調査をはじめ、創価学会の壮年、婦人、青年の各代表団、また私どもの富士鼓笛隊《こてきたい》や創価大学の銀嶺《ぎんれい》合唱団等が、ソ連との交流を自主的に進めてきました。

「核兵器――現代世界の脅威《きょうい》」展や、若い女性たちの手による「日本人形《にんぎょう》展」等も、モスクワで大きな反響《はんきょう》を呼びました。

主権国家の役割が相対的に地盤沈下《じばんちんか》するなかで、「人間の顔」を前面に押し出した民間人同士の交流の意味は、今後ますます大きくなってくるでしょう。

提言 一九九〇年一月二十六日、「SGIの日」を記念し「希望の世紀へ『民主』の凱《がい》歌」と題して、不戦共同体の新秩序《しんちつじょ》づくり等、九〇年代を展望する平和提言《ていげん》をした。

国連NGO　政府間の協定によらず、民間だけでつくられた主に国際協力のための非政府組織。軍縮《ぐんしゅく》、開発援助、経済協力、環境保全、難民救済《きゅうさい》、人権など国連の多方面にわたる活動を草の根のレベルで支援する。SGIは国連経済社会理事会のNGOに参加している。

ケナン（一九〇四年―）アメリカの外交官、外交評論家。プリンストン高等研究所名誉教授。国務省に入り対ソ封じ込め政策を主張。西側の有力なソ連通として知られた。『ソヴィエト革命とアメリカ』でピュリッツァー賞を受賞。

対話がもたらす信頼関係

カズンズ　昨今のソ連の民衆は、もはや自分たちの体制のプロパガンダ（宣伝）に徹《てっ》するような話は、しなくてもいいように思っているのではないでしょうか。しだいに、そうなってきているようですね。これもまた、私たちにとっては希望のもてる兆《きざ》しでしょう。

今後は、場合によっては、自国の成果ばかりでなく、いまだいたらない点についても悠揚《ゆうよう》せまらず、現状をありのまま語ろうとするソ連の人々にまみえることもあるだろうと思います。

とにかく変化は起きていますね。そもそものような変化が起きているということ自体に、今後の可能性があると思います。「民間外交の役割」ということでも、そこに希望をつないでいくのが大切ですね。

池田　とくにゴルバチョフ大統領の時代になり、ペレストロイカ（改革）やグラスノスチ（情報公開）ということが叫ばれている現在、ますます民衆が本音《ほんね》で話をする雰《ふん》囲気《いき》が強まっているといえます。

こうした変化の芽を民間人同士の交流のなかで、よい方向に伸ばしていくというのが、今後の課題《かだい》ではないでしょうか。

カズンズ　そうだと思います。話はもとに戻《もど》りますが、ダートマスに始まる米ソ民間人の一連の対話の三回目は、ことに将来への見通しを明るくする会議になりました。折しもキューバ危機*がその極《きわ》みに達していましたが、米ソ民間のそうそうたる二十数人が、ニューイングランドの私立高校で七日間のアンドーバー会議をもったのです。

キューバ関係のニュース速報が出るたびに緊張《きんちょう》は高まり、不安が強まりました。まる一週間にわたる長い会議が終わり、参加者の面々が議場から出てきたときには、見るからに疲労《ひろう》の色が濃《こ》かったのですが、それだけにやりがいはあったと、晴ればれとしていました。と言いますのも、根本的に意見の異《こと》なる争点だろうとなんら腹蔵《ふくぞう》なく、すべてを取り上げて率直《そっちょく》に話しあうのは可能だということが証明できたからです。それにまた全員一致で、今後もさらに対話をつづけていきたい、ということになりました。

池田 非常に大事な点です。世界中がかたずをのんで見守っていた危機のときに、そのような対話を実《みの》らせ、継続《けいぞく》させておられたということは、刮目《かつもく》すべき〝秘史《ひし》〟です。

私は一九七四年（昭和四十九年）九月、モスクワでコスイギン首相と会談したとき、私の信念にもとづいて、思うところを率直《そっちょく》に申しました。

「日本人は、ソ連に親近感をもっておりません。ロシア文学やロシア民謡には親しんでいますが、一方で今のソ連には〝怖《こわ》い国〟との印象をもっています。これは、おたがいに不幸です。たがいに、もっと理解しあわないといけません。

そのためには、政治や経済だけの交流では、真の友好はありません。また親ソ派と呼ばれる方々との交流だけでは十分ではありません。

では、どうするのか。もっとはば広い民間交流、人間交流、文化交流を活発に進めていく以外にないのではないでしょうか」と強調しました。

首相は私の真意をよく理解してくださったらしく、後日、ソ連の関係者から「たいへん複雑な問題にふれながらも、話がすっきりできてうれしかった」「初めての会見であったが、いつまでも忘れがたい対面である」等々の首相自身の感想をうかがいました。たがいに腹を割って対話すれば、心は結びあうものだということをあらためて実感したわけです。

民間人の立場では、〝政治性〟に動かされるのではなく、それを包《つつ》みこんでいくような〝人間性〟のふれあいを、どこまで可能にしていくかという点になると思います。

カズンズ　そのような実験的対話のなかで、最も興味ある発展といえるのは、やはり対話者同士の人間関係でしょう。私どものソ連の人たちとの対話でも、意見が食いちがう場合、おたがいの立場は分かれますが、争点がますます明らかになり、議論が白《はく》熱《ねっ》しても人間関係は崩《くず》れませんでした。というより、むしろ一層、親密《しんみつ》になったと思います。

その折は、キューバをめぐる米ソ間の危機が深刻化《しんこくか》するにつれ、私たちのテーブルをはさんだ討論《とうろん》も白熱化しましたが、人間と人間の信頼関係は日に日に深まりました。

それは、基本的には人類共同体の一員として運命をともにしているという自覚が、意識下にであろうと各人にあり、この自覚が危機のなかでいっそう深まったからなのか、あるいはたがいに知己《ちき》となるにつれ、一個一個の人間味の重厚《じゅうこう》さが引力となって引きあい、その魅力《みりょく》に抗《こう》しがたくなったからなのか、そのへんは、いわく言いがたいのですけれども、確言《かくげん》できることが一つありました。

それは日を追って、一週間も終わり近くになりますと、どんな問答をしても、気まずさや気づまりはなくなったということです。

どんなに痛烈《つうれつ》な質問を出そうと、どんなに急所《きゅうしょ》を突く応答《おうとう》になろうと、単刀直入《たんとうちょくにゅう》ではあっても皮肉にはならない、熱弁《ねつべん》はふるうが悪態《あくたい》はつかない、手厳《てきび》しくても辛辣《しんらつ》にはならないで、やりとりができました。

意見の相違《そうい》は相違として、相手の人格には敬意をはらいつつ、議論を進めることができたわけです。こうして作業も寝食《しんしょく》をともにしているうちに、以前は国籍に左右されていたことも、つとに超克《ちょうこく》しうる各人になっていましたし、討議《とうぎ》すべき議題にしても、人類的立場から論じなければいかんともしがたいものがあることを、暗黙《あんもく》のうちに認識《にんしき》しあっていたように思います。

池田　よくわかります。ノーベル平和賞を受賞した核戦争防止国際医師会議（IPPNW）の両会長、アメリカのラウン博士とソ連のクジン博士にお会いしたことがありますが、この会も、三人のソ連人医師と三人のアメリカ人医師との語りあいから出発したそうです。

「最初はケンカばかりで、なかには捨てゼリフを残し、席をけって出ていった人もいた」と、クジン会長は当時の模様を笑いながら振り返っていました。

しかし語りあっていくうちに、だんだんとおたがいが理解を深め、やがて国家の枠《わく》やイデオロギーを超《こ》えて、共通の敵である〝核兵器〟の廃絶《はいぜつ》への強い連帯が生まれています。

人間は、放っておいて人間に成《な》るのではなく、対話や言葉の海の中でたがいに接しあい、打ちあっていくなかで人間的成長をとげていきます。いわば対話とは、人間が人間たろうとする証《あかし》といってよい。

ガンジーの非暴力主義にも、対話をとおして発現《はつげん》される精神の力への信頼がありました。彼は言っております。

「非暴力の宗教は、たんに賢者《リジ》や聖者たちのためのものではない。それは同様に、一般庶民のためのものである。暴力が獣類《じゅうるい》の法《のり》であるように、非暴力は人類の法である。獣類にあっては精神は眠っており、獣類は肉体の力の他には法を知らない。人間の尊厳《そんげん》は、より高い法に、すなわち精神の力に従《したが》うことを要求する」（『わたしの非暴力I』森本達雄訳、みすず書房）と。

カズンズ　その意味からも、アンドーバー会議のような人間味のある実験が、キューバ危機にさいして、あのような圧力がくわわった状況下でも、成功しうるのであれば、むしろ非公式な接触《せっしょく》の場においてこそ、およそ何事も不可能ではなく、あるいは信じがたいことすら起きうる、と思われます。

キューバ危機　一九六二年、ソ連がキューバにミサイル基地を建設したことに対し、同年十月二十二日、アメリカが海上封鎖《ふうさ》し、キューバに近づく船舶はソ連の艦船といえどもすべて撃沈《げきちん》すると発表。米ソによる核戦争の危機が高まった。

核戦争防止国際医師会議　米国のハーバード大学教授とソ連の心臓病研究者の東西の医師が、パグウォッシュ会議にならって核戦争の脅威《きようい》、回避《かいひ》を訴《うった》えて設立した。一九八五年にノーベル平和賞を受賞。会員は八十三カ国、二十万人にのぼる。

ガンジー（一八六九年―一九四八年）インドの思想家。無抵抗・不服従・非暴力のガンジー主義により、独立運動の先頭に立つ。「インド独立の父」として、マハトマ（偉大な魂）と呼ばれる。

民間の英知の創造的反映

池田 現今、大きな問題となっている環境問題にしろ、核兵器の問題にしろ、民間の英知をどう創造的《そうぞうてき》、建設的に国家の政策に反映させていくかという点を、私たちはさらに真剣に考えるべきときがきています。

この点でも、民間人による東西間と南北間の対話、交流がさまざまな分野でもっと重層的《じゅうそうてき》に進んでいけば、まさに時代を動かす大きな力になっていくのではないでしょうか。

カズンズ 私どもの民間人会議を発案《はつあん》したのは、元大統領のアイゼンハワー氏です。氏が発案にあたり表明した希望は、双方《そうほう》の政府から信頼されている民間の有識者たちが対話をしていけば、外交官同士の会談ではあれやこれやの理由で浮《う》かびあがってくるとはかぎらない糸口を探求《たんきゅう》することができるだろうし、そのことによって民間人同士は有益《ゆうえき》な役割を演じられるだろう、ということでした。

この期待には、民間人が職業的な外交官のまねをしたり、その地位を軽視《けいし》したりしてもいい、という意味はふくまれてないと思います。その意味するところは、それとはまったく反対の方向でしょう。公式の対話では交《か》わされることのない問いをもちだし、それに対しての答えを探求《たんきゅう》していくのが、民間人ならではの役割ではないでしょうか。既成《きせい》の枠《わく》組みよりも広く大きな前後の関係をふまえて考えもし、発言もしていけるのが、民間人ですから。

池田　まさに〝民間外交〟の役割を的確《てきかく》に指摘《してき》されており、まったく同感です。たとえば、今の日本のおかれた国際的立場においても、まったく同様のことがいえます。

カズンズ　公式の外交官レベルでおこなわれる活動や決定のすべてを擁護《ようご》する義務は、民間人にはないだろうと思います。

それよりも、歴史の証明する原理を取り入れた考え方をするゆとりが、民間の有識者にはありますし、このゆとりを生かしていくのが民間人の役割であるはずです。

また、政治的問題であれ政治的対立であれ、その根をなすのは往々《おうおう》にして道義的《どうぎてき》争点ですが、その点に関しても民間人なら尻ごみしなくてもいいわけです。

そこにおのおの政府を引きこんで直接、関与させることは望めないとしても、問題の道義《どうぎ》的《てき》対立点をたがいに明確にしあう作業と取り組むなら、まさにそこにこそ、世論が創造的《そうぞうてき》に、建設的に国家の政策に反映されていくプロセスが開拓されてくるでしょう。

第五章　コンピューター社会と詩心

「目に見えないもの」の尊さ

池田　九年前（一九八一年）、メキシコを訪問した折、国立グアダラハラ大学で「メキシコの詩心《しごころ》に思うこと」と題して講演をしたことがあります。現代においては、いかに人間がみずみずしい感覚を取り戻《もど》し、人間と人間の、人間と自然の結合の力を生みだすかが、重大なテーマになっています。

私は講演のなかでメキシコ国際文化資料センター所長のイヴァン・イリッチ氏の「私の関心事は、人々が詩的になり、冗談《じょうだん》をいい、笑えるようになることだ」という言葉にふれました。

詩心、そして笑顔――。今日《こんにち》、あまりにも渇《かわ》いた人間の心は、さまざまな場面で、そうした心の回路《かいろ》を閉《と》ざしてしまっています。

カズンズ　詩人の言葉は普遍《ふへん》の事柄《ことがら》に渉《わた》り、専門家の言葉は特殊の事柄に限られる――その点では詩人の立場が有利だろう、とアリストテレスは述べています。これにつけくわえるなら、言葉の最大の力は、想像力から生まれ、機械的活動からは生まれない。詩人たちはわれわれに、そういうことを痛感《つうかん》させます。

これを人間の境涯《きょうがい》についていえば、現実の境涯ではなくて理想の境涯への志向《しこう》、因循姑息《いんじゅんこそく》な世界観からの脱却《だっきゃく》、または芸術による永遠性の黙示《もくし》といえるでしょう。これらは本来、みな想像力から生まれるものです。

池田 近視眼的《きんしがんてき》な価値観《かちかん》が優先する風潮《ふうちょう》のなかで、人々は「目に見えるもの」を追い、「目に見えないもの」の尊《とうと》さを見失ってしまったかのような感さえあります。その結果、物や金など、計測可能なものの価値のみがはばをきかせ、そのあからさまな志向は、子どもの世界にまで浸透《しんとう》しつつあるようです。

とはいえ、物質万能主義が行き詰《づ》まりつつあることは、だれの目にも明らかです。教授の言われるような想像力の豊かさ、詩的世界の広大さにもう一度、目を向けなおす必要があります。

人間に本当の意味での平安をもたらすのは、世に言う「ソロモンの栄華《えいが》」*よりも、一本の「野の花」を見つめ、可憐《かれん》な花々に心を寄せる豊かさであり、生命を愛しゆく

「詩心《しごころ》」ではないでしょうか。

その心がじつは、言葉の最大の力、最良の力を生むことにもなります。詩心は、人間の復権《ふっけん》をなす源泉《げんせん》でもあります。

カズンズ　その「想像」の内容が問題ですが、「想像」は、個人の意識に潜在《せんざい》するものが触発《しょくはつ》したものであり、その内容は、それ以上のものでも、以下のものでもありえません。したがって、個人の意識に潜在するものが、世に最も大切な心の糧《かて》になります。言いかえると、個人的潜在意識にあるまま生じるのが、想像であって、それ以外に想像が生じることはありません。

それに、個人が経験する事柄《ことがら》と、その事柄に対する個人の情感がともに記憶《きおく》される場、そして生命の証《あかし》が存在する場も、潜在意識のなかにあるということでしょうね。

そこで潜在意識のなかにあるものを守っていくとともに、人間の感性を敏活《びんかつ》にする糧を与える、といった補完的《ほかんてき》な働きができるのが詩人だといえましょう。

その意味では、人間の精神を尊《とうと》いものとし、これに語りかける人なら、その人もまた「詩人」と言っていいと思います。

ソロモンの栄華　父ダビデ王の後継者となったイスラエル（ヘブライ）のソロモン王（前十世紀ごろ）は産業をおこし、諸国とは平和政策を進め、さらに美術・文学・音楽等も発展させるなどして王国の最盛期を築いた。また紅海貿易、商業活動を活発化し、さらに通行税をとるなどして巨富を集め繁栄をささえた。

深層心理と仏法の知見

池田　仏法ではものごとを識別《しきべつ》する心の作用には、九段階あると説《と》いています。*

第六段階は、通常の自我《じが》意識ですが、第七の段階は潜在《せんざい》意識の領域《りょういき》であり、ここに根源的《こんげんてき》な自我の作用があると仏法では説いております。

カズンズ教授が指摘《してき》された「個人の過去の経験と情感」が記憶《きおく》される場でもあります。この領域には、「想像」によって触発《しょくはつ》される豊かな心の内容が潜在しております。

しかし、第七の段階では、まだ個人的潜在意識の領域に限定されています。仏法では、そこを究極《きゅうきょく》の実在《じつざい》とせず、さらにその奥に広大な無意識の世界を洞察《どうさつ》しております。

第八の段階では、個人的潜在意識の限界をこえ、民族的、人類的な生命と共通の基《き》盤《ばん》に達します。地球上における人類の誕生《たんじょう》から数百万年におよぶとされる祖先の体験や文化的遺産《いさん》が、すべてこの場に潜在しています。

それのみならず、生きとし生けるものと融合《ゆうごう》する生物学的生命の領域《りょういき》をも包含《ほうがん》していますから、まさに「生命の証《あかし》が存在する場」です。この領域は意識されていなくても、折にふれ意識の表面に噴出《ふんしゅつ》し、われわれの心の動きを左右し、決定づけていくとしています。

＊ユングに代表される二十世紀の深層《しんそう》心理学や、最近のトランスパーソナル心理学等＊は、こうした点については仏法の知見《ちけん》に接近《せっきん》していると思われます。それは言葉の含《がん》意性《いせい》、換言《かんげん》すれば想像力を縦横《じゅうおう》に働かさねばならない領域であり、より広い意味での詩的世界が浮《う》かび上がってきます。

さらに仏法で洞察《どうさつ》しえた第九の段階では、人間の個的生命の内奥《ないおう》は、宇宙《うちゅう》の根源《こんげん》にまでいたります。ここに〝宇宙即《そく》我〟の無辺《むへん》にして無限なる境涯《きょうがい》が開けてきます。

カズンズ　なるほど、その仏法による説《と》き方は、私にも興味つきない展開です。

今日《こんにち》はエレクトロニクス（電子工学）が驚異的《きょういてき》に発達し、人間がその下僕《げぼく》になりはて、むしろロボットと化《か》しているような傾向がみられます。そのように人間がコンピューターに管理されるのも危険なことですが、ことによれば人間のほうがコンピューターの似姿《にすがた》になるかもしれず、この危険のほうが怖《こわ》いと思います。これを予防する働きも、詩人にはできるはずです。

歴史的には創造的《そうぞうてき》人間の幾《いく》世紀もの営為《えいい》を人々が知り、その知的遺産《いさん》に親しみつつ、意味伝達の能力を豊かにしてきました。しかし、いまやそうした時代ではないようです。今日《こんにち》では教育もそうですが、会話や文通も、力のないありさまになっています。事務的な機能だけが優先され、現代的な交信手段のみが重宝《ちょうほう》とされていますから、言葉による交信は力を失いつつあります。その結果、機械化されるのは、人々の生き方だけではない。考え方も、人間の心のあり方そのものも、機械的になりつつあります。

池田　そのことに関しては、私はドストエフスキー*の作品『地下生活者の手記』を思い起こさずにはおれません。ドストエフスキーはそのなかで「二二が四は死の端緒《たんしょ》」という有名なテーゼをかかげ、近代の合理主義や進歩主義に対して、深刻《しんこく》かつ根元的《こんげんてき》な疑問を投げかけています。

「早い話がわたしにしても、単に自分の理知的能力、すなわちわたしの生活能力の僅《わず》か二十分の一くらいのものを満足させるためでなく、生活能力の全部を満足させるために生きたいと思うのは、あまりに自然すぎる話ではなかろうか。理性はそもそも何を知っているというのだ？　理性はただ今まで認識《にんしき》できたものを知っているにすぎない」（米川正夫訳、『ドストエフスキー全集』５所収、河出書房新社）

これは十九世紀末のきわめて優《すぐ》れた精神が感じとった、先見的警鐘《せんけんてきけいしょう》の一つですが、こういったドストエフスキーの言葉にもかかわらず、「生活能力の僅か二十分の一くらい」の「理知的能力」が、現代では、あまりにも肥大化《ひだいか》してしまいました。理性は、もちろん人間の大切な能力の一つですが、それを過大視《かだいし》してしまうと、かえって人間の精神の力というものを矮小化《わいしょうか》させてしまいます。

九段階あると説いて……　九識論《くしきろん》のこと。インドの唯識派《ゆいしきは》の世親（バスバンドゥ）が八識までを展開。天台宗、華厳宗によって新たに九識が立てられた。眼識《げんしき》・耳《に》識・鼻《び》識・舌《ぜっ》識・身《しん》識の五つの感覚器官にそなわる識（感覚的知覚）と、さらに心にそなわる識が四層あり、意識・末那《まな》識（思量識）・阿頼耶《あらや》識（含蔵識）・阿摩羅《あまら》識（根本識）と深くなり、内面的経験をつかさどる。

ユング（一八七五年―一九六一年）　スイスの精神分析《ぶんせき》学者。フロイトとともに無意識の概《がい》念《ねん》に取り組み、のちにフロイトと別れ、心理学的類型学を追究し独自のユング心理学をつくる。

トランスパーソナル心理学　精神発達の構造やそのダイナミズムに光をあて、個人または自我を超《こ》えた領域《りょういき》まで研究の対象とする新しい心理学で、超個心理学と訳される。

ドストエフスキー（一八二一年―八一年）　ロシアの小説家。トルストイとともに現代世界の文学、思想に大きな影響を与える。代表作は『罪と罰』『悪霊』『カラマーゾフの兄弟』ほか。

言論の蘇生《そせい》、感性の重視

カズンズ かつてはアメリカにおいても、合衆国憲法制定会議の代議員たちは、古典から自在《じざい》に引用して自説を補強《ほきょう》しました。歴史上の事例はもちろんのこと、哲学者、評論家、劇作家等の思想をふんだんに援用《えんよう》することができました。

ことにツキジデス、アリストテレス、ヘロドトス、プルタルコス、セネカ等々。あるいはアリストファネス、マーロー、シェークスピア等々の詩劇《しげき》に登場する人物の台詞《せりふ》を引く議論は、彼ら代議員の思想の探検《たんけん》に彩《いろど》りを添《そ》えたものです。

なかでも、彼らの論文集である『ザ・フェデラリスト』ではハミルトン、マジソン、ジェーたちの分析的《ぶんせきてき》な評論が、歴史のすみずみに遠征《えんせい》しては広く渉猟《しょうりょう》したものでした。

独立宣言の起草者《きそうしゃ》のなかでは、ジェファソン、アダムズ、フランクリン、ラッシュらがスエトニウスや、マキアヴェリや、モンテーニュ等から、適切に引用し、華《はな》やかに主義を打ち出すことができました。彼らがベーコンのアリストテレス論に言及《げんきゅう》する場合も、いちいち細《こま》かな点まで列挙《れっきょ》しなくても、それは常識と思われていましたから、話はそれで通じたのです。

実際、そうした彼らの引用は、知識のひけらかしでも虚飾《きょしょく》でもありませんでした。そういうものではなく、当然の風味《ふうみ》、自然のさびをきかしたものであり、それは円熟《えんじゅく》した言葉の醍醐味《だいごみ》というべきものでした。

それと同様なことが、文通についてもいえます。当時の人々は、書簡《しょかん》を、芸術の一様式、洗練《せんれん》された交信には過不足《かぶそく》のない媒体《ばいたい》、とみなしていたようです。たとえばジェファソンとアダムズの往復《おうふく》書簡は、私的消息《しょうそく》というよりも、人間事象《じしょう》の省察《しょうさつ》にわたりあうものでした。

このような所感《しょかん》の交換が、人間の思考の全領域《ぜんりょういき》にわたるのは、著述家《ちょじゅつか》にとっては異例《い》ではなく、その場合は、引用が共通の言葉でした。このように、知的発見の航海に乗り出すのに書簡を頼《たよ》りにするということは、今日《こんにち》では、まず考えられませんね。

池田　ジェファソン、アダムズ、フランクリンなど、アメリカ建国の父たちが活躍した時代は、言論がその本来の生き生きとした機能を発揮《はっき》した、まれな時代だったと思います。それに彼らの場合にかぎらず、初期ニューイングランドの市民集会であったタウンホール・ミーティングに象徴《しょうちょう》されるように、じつに活発にして建設的な言論が、アメリカ独立革命を推進しゆく機軸《きじく》となっていたと思います。

そうした言論の働きが、なぜ可能であったか。それは人々の内面世界に自由と節《せつ》度《ど》、放任《ほうにん》と制約のほどよいバランス感覚が働いていたからといえましょう。

このバランス感覚、換言《かんげん》すれば自制力《じせいりょく》が弱まってくると、人間は「言論以前」の沈《ちん》黙《もく》――プラトンの言葉では「言論嫌《ぎら》い」が「人間嫌い」に通ずる非生産的な沈黙（「パイドン」松永雄二訳、『プラトン全集』1所収、岩波書店、参照）――の世界に閉《と》じこもってしまうか、あるいは「言論以後」の暴力的手段に身をゆだねてしまうかでしょう。いずれにしても、それでは人間として敗北であり、人間たることの尊厳《そんげん》の放棄《ほうき》になってしまいます。

その点、ジャコビニズム*やボルシェビズム*の暴力的な閉《と》ざされた社会をつくりだしてしまったフランス革命やロシア革命とくらべて、アメリカ独立革命における健全な言論活動のあり方は、人類史上における優《すぐ》れて教訓的《きょうくんてき》な出来事でした。

もとより、そうした良き遺産《いさん》が、その後の歴史にしっかりと継承《けいしょう》されてきたかどうかを多分に疑問視する人もいますし、さらに生き生きとした言論の働きが現代でも可能かどうか、という課題《かだい》が残ります。これはむずかしい問題であり、言論をめぐる状況は、当時とは比較にならないほど悪化しています。であればこそ私は、真実の声、真実の言論がひときわ光彩《こうさい》を放っていく時代に入っていくと見ております。

カズンズ　私もその意味で、敗北主義には賛同《さんどう》できません。コンピューター時代になって、人間の本質的な問題が変わったかといえば、それは変わっていないわけです。生産効率《こうりつ》や快適さや満足度をいかにして高めるかということだけが、問題なのではありません。そのうえに、いかにして人間自身の感性をより繊細《せんさい》なものにするか、思慮《しりょ》をより深みのあるものにするか、そしてまた、いかにして人間自身の存在をより調和のとれたものにするか、これらこそ本質的な問題です。

能率の面では、コンピューターがめざましい跳躍《ちょうやく》を可能にするでしょう。また人間の知能の応用面にかぎらず、理論面でも垣根《かきね》があれば、それはコンピューターがとりはらってくれるでしょう。しかし、人間が人間たることの証明を、機械であるコンピューターが容易にするか困難にするか、この問題は残存《ざんぞん》しているというよりも、ますます大きくなっています。こういうなかでは、真の問題はいったい何かということを、正確に認識《にんしき》する必要があります。

ジャコビニズム フランス革命期、過激な共和派の政治結社、ジャコバン党がいだいた思想。革命政府のもと独裁《どくさい》体制をしき急進的改革を進めるなど恐怖《きょうふ》政治をおこなった。

ボルシェビズム ロシアの社会民主労働党の左派のグループで、レーニンが率いた多数派（ボルシェビキ）の立場のこと。職業革命家による少数精鋭主義と中央集権的な党組織等を主張、革命闘争をとおしてプロレタリア独裁《どくさい》の実現をはかった。転じて、過激な革命運動をさす。

情報化社会に対応するには

池田　そこで、効率と利便《りべん》を追い求めてきた近代文明の病理ですが、先進工業社会に蔓延《まんえん》しているのは、「精神の渇《かわ》き」ともいうべき病《やまい》ではないでしょうか。人間はたんに生きるのみではなく、善《よ》く生きんと本然的《ほんねんてき》に欲して生きている存在です。

ところが、コンピューターに象徴《しょうちょう》される効率と利便の社会にあっては、「意味への渇仰《かつごう》」を満たすものが少なくなっています。私どもの社会は、量的志向《しこう》から質的志向への転換《てんかん》が、どうしても不可欠になってくるでしょう。

「善」の領域《りょういき》と「必然《ひつぜん》」の領域、「価値《かち》」の世界と「事実」の世界の対立ないし緊張《きんちょう》関係は、ある意味では、ギリシャ哲学以来の人類史的テーマといえます。この問題が、現代の科学技術文明下におけるほど跛行的《はこうてき》かつ破局的な様相《ようそう》を呈《てい》したことは、空前のことです。

そうした状況下での質的志向は、科学技術のもつ均質性《きんしつせい》、非人称性を突き破って、人間の個性、十人いれば十様《よう》でしかありようのない個性を、どのように回復し、輝《かがや》かせていくかという方向をとるべきでしょう。

カズンズ　その質的志向《しこう》への転換《てんかん》ということを具体的にいえば、人間の美への感応《かんのう》をより豊かなものにする、生命それ自体を十全《じゅうぜん》に尊重する、そうして人間が住む世界そのものを、現在よりも安全なものにすることが課題《かだい》です。

今ふたたび言えば、コンピューターは人間がこれらの課題に取り組むのを、今よりも容易にするか、困難にするか。じつはこれこそが、大きな問題ではないでしょうか。

コンピューターの電子頭脳にも、それなりの可能性があるのはたしかです。たとえば、人間の生活に不可欠な研究が行き詰《づ》まっているところでは、その行き詰まりを次々と打開していけるでしょう。

しかし、人間の生活のなかで、いまだ経験されたことのない事例に遭遇《そうぐう》するときにおかしやすい誤《あやま》りや、愚《おろ》かな事故は、電子頭脳にはなくせません。あるいは人間がもともと無関心であってはならないもの、たとえば他者が現実に感じている痛《いた》み、自分がみずから成長し価値《かち》を創造《そうぞう》していく可能性、人類共有の記憶《きおく》、次につづく世代の権利などに関心をもつことも、電子頭脳にはできないことです。

これらのことが、コンピューター時代になぜ大切か。それは、人々がたんなる情報を英知とかん違いする傾向に走るかもしれないからです。これまでにも論理を価値と考えたり、知識を洞察《どうさつ》と思ったりするような取り違えがありましたが、これからも、それとまったく同じ傾向へ走りだす危険がないとは、いえないからです。

池田　そこにも「善」に対し「必然《ひつぜん》」、「価値」に対し「事実」の偏重《へんちょう》が見られ、その点が、情報化時代のいちばん恐《おそ》ろしいところです。あふれかえる情報の洪水《こうずい》のなかで、みずからの思考や判断力を麻痺《まひ》させられた無気力な人が増えるなら、権力による情報操作《そうさ》、あるいはその裏返しとしての情報攻勢《こうせい》が、いともかんたんに功《こう》を奏《そう》します。自分では取捨《しゅしゃ》よろしく情報をさばいているようでも、知らぬ間に情報に操《あやつ》られているといった事例が、今日《こんにち》ではしばしば見られます。

そのさい、留意《りゅうい》すべきことは、科学技術のもたらす病弊《びょうへい》を警告するあまり、その全否定に走ってしまうことです。人工よりも野性《やせい》（自然状態）を重んじた思想家ルソー*

について、〃彼の著作を読んでいると四つの足で歩きたくなる〃という、あのヴォルテールの揶揄《やゆ》ではありませんが、科学技術のもたらした成果は、そうかんたんに否定できるものではありません。

そうしようとするのは、現実的対応とはいえず、机上《きじょう》の夢想《むそう》に近いでしょう。大切なことは、近代的な知性や科学技術というものを〃反時代的〃にではなく〃弁証法《べんしょうほう》的《てき》〃にとらえていくアプローチでしょう。

カズンズ　そうしていけば、情報の無限の駆使《くし》が価値《かち》の無限の創造《そうぞう》に通じる場合があるかもしれません。その場合も一定の条件は必要です。つまり、その情報が何を意味し、どういう結果を招《まね》くか、この点を見定める意志と能力が情報の駆使にともなってこそ、価値の創造にいたるでしょう。

この条件を課《か》さずに駆使される情報なら、それは怖《こわ》いものになります。情報そのものはいわば粗野《そや》な材料のなかでも、最も粗野な素材にすぎないので、これは、きちんとした論理によって整理されねばなりません。それなのに、情報そのものが確実な価値であるかのようにみなされる場合があります。しかも、いとも安直《あんちょく》に。

ルソー（一七一二年―七八年）　フランスの啓蒙《けいもう》思想家。『人間不平等起《き》源論《げんろん》』『社会契約論』等の著書で、個としての人間の自由と、社会的結合を求める市民としての人間の自由と平等とを追究した。

質的差異への視点

池田　教授はつとに、「我々が恐《おそ》れなくてはならない牢獄《ろうごく》があるとすれば、それは結局のところ、我々の無気力と優柔不断《ゆうじゅうふだん》だけである」（『人間の選択《せんたく》』松田銑訳、角川書店）と述べられています。私もまったく同感です。

人間が意志の力をしだいに過小評価するようになれば、それはとりもなおさず、われわれの生命力の衰弱《すいじゃく》を物語っていることにほかなりません。

カズンズ　ちなみにホワイトヘッド*は、「事実の分析《ぶんせき》に取りかかるには、非凡な精神を要する」と言っていますね。

コンピューターのはじきだす数字が正しかろうと、価値《かち》判断がくだされるまでは、まだ的確《てきかく》な数字とはいえないかもしれません。だからこそ、電子頭脳を媒体《ばいたい》にした中間作業と、人間自身が最終責任をもってくだすべき価値判断との間には、一線を画《かく》さねばなりません。それを怠《おこた》るなら、先に述べたような人間自身が思いをいたすべき諸関係がぜひとも不可欠であるとの認識《にんしき》は、ややもすればコンピューターによって雲《くも》らされ、ついにはその画《かく》されるべき一線すら、見失ってしまう結果になりかねません。

そうなると、人間はただ機能面の問いを事務的に出しているにすぎないのに、あたかも根本的な問いを発しているかのような錯覚《さっかく》を、コンピューターが呼び起こすようになります。またそうなると、コンピューターは人間の脳のいわば外延《がいえん》にすぎないのに、人間は自分自身の脳がなくても、この代用物があるからいいではないか、という馬鹿げたことにもなりかねない。

それに、コンピューターの出す答えはつねに具体的ですから、その答えを人間が過信《かしん》するようなことも、起きるかもしれないのです。

池田　もちろん、コンピューターを駆使《くし》する人が非人間的なのではありません。以前、ある本で読んだ話に、将棋《しょうぎ》を指《さ》す機械のことが出ていました。コンピューターの進歩は、その機械をへたな人間ならかなわない、相当の「指し手」にするかもしれません。しかし、その類《たぐ》いの機械同士を戦わせたらどうなるか。先手必勝か先手必敗か、*千日手《せんにちて》か――いずれにせよ、勝負は始まるまえにわかってしまう。したがって、勝負事のように、熟慮断行《じゅくりよだんこう》といった人間の判断力を要する場合は、コンピューターではおもしろくないというのが、笑い話のようですが、その話の結論でした。やはりコンピューターと人間との違いは、量的な差異《さい》ではなく、質的なものだ、と。

そのうえ、未知の領域《りょういき》への探究《たんきゅう》と決断がなくなってしまえば、人間が人間でなくなってしまうでしょう。そうなったときには、そこは、もはや生きることの意味を奪《うば》われた世界です。死ぬほど退屈《たいくつ》な世界には、一日たりとも、とどまることができないのが本来の人間だからです。

ホワイトヘッド（一八六一年―一九四七年）イギリスの数学者、哲学者。新たな記号論理学をつくり、また現代物理学を哲学的に考察した。著書は『科学と近代世界』ほか。

千日手　将棋《しょうぎ》で双方《そうほう》が同じ指《さ》し手を繰《く》り返して勝負がつかない状態になること。

技師と詩人の協力

カズンズ　「はじめに確信ありきなら、遂《つい》には懐疑《かいぎ》であろう。はじめに懐疑ありきで、よく懐疑につきあっていくなら、遂には確信にいたるであろう」と、ベーコンは述べています。

むろん、コンピューターにも誤《あやま》りをなくす方法はあります。しかし、人間が機械の勝利にうつつをぬかすまえに、人間自身の状況を顧《かえり》みて、そこには偉大な進歩があったことに思いをめぐらすべきです。実際、人間に過《あやま》ちがあっても、それに対処するさらによい方途《ほうと》が発見できるまで、思索《しさく》をつづけ、探究《たんきゅう》をつづけたからこそ、人間は進歩してきたのですから。

「我に、よき実《みの》りをもたらす過ちを授《さず》けたまえ。その過ちを正せる種がはじけるように詰《つ》まった過ちを。不毛《ふもう》の真実は、君の手に委《ゆだ》ねよう」という言葉を遺《のこ》したのは、フェリス・グリースレットという人でした。

池田 「不毛《ふもう》の真実」という言葉は、先に紹介したドストエフスキーの「二二が四は死の端緒《たんしょ》」というテーゼと符合《ふごう》しているように思います。とはいえ、われわれが科学技術に背を向け、ルソーやソローが憧憬《しょうけい》の眼を向けたような「自然」や「森」のなかの生活をめざすなどというのは、およそ非現実的なことです。

それよりも現実的なのは、コンピューター等の機械類をどう位置づけ、文明の利器としてどう活用していくかという課題《かだい》に取り組むことです。人類が機械類を生みだしたにもかかわらず、手段そのものを目的と化していく転倒《てんとう》だけは、さけなくてはなりません。

人間としての証《あかし》は何か――。シモーニュ・ヴェイユ*は、他者のために「胸を痛《いた》める心」(『デラシヌマン』大木健訳、『現代人の思想』9所収、平凡社)こそ、人類の普遍的《ふへんてき》感情であるとしています。仏法でも他者への「同苦《どうく》」や「共苦《きょうく》」を、仏法者であることの絶対的条件としていますが、こうした普遍的感情を幾重《いくえ》にも掘り起こしていく作業が、日常のなかに求められていくべきです。そうした点にも私は、世界宗教、普遍宗教というものの必要をみております。

カズンズ　よくわかります。技術者の手からは、なにも奪《うば》い取る必要はありません。奪い取るのではなくて、コンピューター関係の技師と詩人の間に何らかの橋を架《か》ける手段が講じられるなら、そのときこそ、かの先達《せんだつ》が切《せつ》に望んだ「よき実《みの》り」がもたらされるでしょう。現代の諸問題の解決が、電子管とトランジスターにゆだねられても、創造力《そうぞうりょく》の源泉《げんせん》は人間自身の想像力ですから、その驚異的《きょういてき》な力を解《と》き放てば、それが真の解決になるでしょう。

つまり、機械を管理する技師が詩人に協力できるなら、人間の可能性は、テクノロジーが描くのよりも、もっと大きな、もっと明るい展望が開けてくるだろうと思います。

というのも、詩人なればこそ、人間は独自の存在なのだと痛感《つうかん》させうるからです。この独自さを究極的《きゅうきょくてき》に定義づけたり、定義そのものをこねくりまわす必要はないと思います。大切なのは、定義をこねくりまわすのではなく、人間の独自さ自体に思いをめぐらすことです。これができたなら、それだけでも人間自身が一歩前進したといえるのではないでしょうか。

池田　同感です。お話をうかがっていて、私は、パスカル*の言う「幾何学《きかがく》の精神」と一対《いっつい》の「繊細《せんさい》な精神」を連想します。パスカルは天才的な数学者、物理学者として「幾何学の精神」に通じていた大家であるとともに、人間の心事《しんじ》の委曲《いきょく》をつくした『パンセ（瞑想録《めいそうろく》）』をあらわすなど「繊細な精神」の持ち主でした。あまりにも有名な話で恐縮《きょうしゅく》ですが、「人間は自然のうちで最も弱いひとくきの葦《あし》にすぎない。しかしそれは考える葦である」（『パンセ』松浪信三郎訳、『世界の大思想』8所収、河出書房新社）との美しいくだりは、モラリストとしての洞察《どうさつ》の深さが、自身の「繊細な精神」とともに躍如《やくじょ》としています。

もとより、われわれ人間の気質《きしつ》はたがいに一様ではなく、またことに専門分化のいちじるしい現代では、なかなか「繊細な精神」をあわせもつことは困難ですが、だからこそ教授の言われる「技師と詩人の協力」が、人間的精神の健全な発展のために強く求められると思います。

ヴェイユ（一九〇九年—四三年）　フランスの思想家。アランについて学び、スペイン内戦では人民戦線派義勇軍に志願。アメリカに亡命後も、第二次大戦の戦時下の人たちの痛《いた》みを共有しようと節食し衰弱死《すいじゃくし》した。

パスカル（一六二三年―一六六二年）　フランスの哲学者、物理学者、数学者。流体の圧力についてのパスカルの原理の発見をはじめ、計算機の発明等でも知られる。

II

国連——その改革強化への道

第一章　「世界市民」意識の確立へ

相互理解による安全保障へと転換

池田　これから、国連をテーマに話を進めていきたいと思います。
カズンズ教授が*世界連邦主義者世界協会の会長を務《つと》めるなど、国連強化のための運動を精力的に進めてこられたことは、よくうかがっております。その貢献《こうけん》に対して、国連平和賞が授与《じゅよ》されておりますね。

私どもも、民間次元で、これまで国連への支援を平和行動の大きな柱としてきました。創価学会インタナショナル（ＳＧＩ）は、国連の経済社会理事会のＮＧＯ（非政府組織）のメンバーになっています。ご存じのように、一九八九年秋には国連軍縮《ぐんしゅく》局とタイアップして「戦争と平和」展を国連本部で開催し、大きな反響《はんきょう》がありました。

その年の春、デクエヤル国連事務総長とお会いしたさい、この開催が正式に決まったわけですが、国連のトップの方々とも機会あるごとに、国連支援の進め方、国連の強化などについて具体的に意見の交換をしております。

最近の国際情勢の変化のなかで、米ソの協調路線等は、国連が活動しやすい環境を生みだしつつあると思います。これからは民間レベルでも、国連強化のため活発に知恵を出しあうことが、いっそう大切になってきているのではないでしょうか。

カズンズ まったく同感です。現状に即《そく》して言えば、世界の全体的平和を、米ソだけにゆだねるわけにはいかない。米ソは世界全体の安全保障を確立するために、国連のなかで協調し、紛争《ふんそう》解決の手段を生みだすべきだというのが、私の基本的な考え方です。国連は、戦争の根本原因に対処できるように、強化されねばなりません。

池田 現在の国連は、さまざまな現実的課題《かだい》に直面しております。またこれまでは、国連の無力さを指摘《してき》する声も多く聞かれました。私は、こういった国連批判も承知していますが、むしろ国連が難問に直面しながら、各国の代表が一堂に集《つど》い、討議《とうぎ》しあえる場を、四十年以上にわたって世界に提供しつづけてきた時間の重みを高く評価したい。こうした実績をもつ全世界的な討議の場こそ、新しい秩序《ちつじょ》づくりの核となりうると考えるからです。

さらに評価すべきは、ここ数年来、国連が特別総会*等のかたちでグローバルな危機について取り組み、それなりの成果をあげてきた点です。したがって、国連の欠点、弱点を指摘《してき》するだけではなく、これまでの成果をふまえつつ、現状をいかにして建設的に改革し、国連強化の実《じつ》をあげるか、この点にこそ衆知《しゅうち》を集めることが肝要《かんよう》でしょう。

カズンズ　国連が世界になしてきた貢献《こうけん》は否定できません。それと同時に、主要な国々の外交政策においては、国連が依然《いぜん》として第二義的な存在にとどまっていることも認《みと》めざるをえません。今日《こんにち》の支配的な考え方は、あるがままの世界を反映するような国連でなければならないということでしょう。しかし、ここで困ってしまうのは、世界の現状そのものが絶《た》えず変化を迫《せま》られているという事実が、もう一方にあるからです。したがって、その変化に対応しうる機構となるよう、国連を改革強化していくところに、九〇年代の大きな課題《かだい》があります。

国連を改革するには、いかなる内容をもりこんだ改革案であれ、一案だけをもってして、それのみが全地球の諸問題に対する万能策になると思うなら、それは愚《おろ》かな期待としかいいようがありません。しかし、国連の基本的弱点のなかでも、諸国家間の緊張《きんちょう》関係をなおも複雑化しかねない点をまず除去《じょきょ》することから始めれば、改革へ、少なくとも第一歩は踏《ふ》みだせるはずです。

弱い国際機構がかかえる問題の一つは、大国小国を問わず、個々の国家に十分な安全保障ができないところにあります。侵略《しんりゃく》に対しては、実際に功《こう》を奏《そう》する抑止力《よくしりょく》がない。好戦的《こうせんてき》国家は、抑止力のないところを見つけると、どこであろうとその弱みにつけこもうとするものです。それには、たとえ平和愛好国でも防衛上、入念《にゅうねん》な軍備によって対応せざるをえなくなります。こうした状況のもとでは勢力争いが生じ、緊張関係が飽和《ほうわ》点《てん》に達するのは時間の問題です。

池田 そのとおりです。バランス・オブ・パワー*（勢力の均衡《きんこう》）という概念《がいねん》によった平和観は、それ自体が、もはや完全に行き詰《づ》まっています。たがいに軍事力を釣《つ》り合いのとれたものにするという考えは、もともと矛盾《むじゅん》をはらんでいます。軍事力というものは、相手のそれに勝《まさ》っていてこそ、意味のあるものだからです。

また軍事力は、その実態を秘密にしておくことで、いわば幻想《げんそう》の肥大《ひだい》効果をもつものです。すなわち軍事力で優勢《ゆうせい》ならんとすると、相手の推定軍事力は幻想化され、肥大化されて、その結果、たがいに強迫的《きょうはくてき》な軍事力増強《ぞうきょう》に駆《か》られることにもなります。

それは結局、自国の経済に大きな負担をかけ、いずれ耐《た》えられないところまでいくことは明らかです。初めのうちは軍備開発が、経済発展の刺激剤になったとしても、過大になったときには経済構造をゆがめ、かえって障害《しょうがい》になっていきます。今の米ソ間の雪解《ゆきど》けも、そういった徒労《とろう》への反省からきているといえるでしょう。

まず、教授のおっしゃるような、平和愛好国ですら軍備をせざるをえないという状況を変えていかなくてはなりません。そのためには、軍事力を偏重《へんちょう》した安全保障から、友好と相互理解による安全保障へと大きく発想《はっそう》を転換《てんかん》し、そのための文化と人間の交流を促進すべきです。今日《こんにち》では、共存共栄関係を重視しなくては、いかなる国家もやっていけないのは明らかです。これらのことを確実になしとげるためにも、国連の強化、改革が必要ではないでしょうか。

世界連邦主義者世界協会　各国の主権を制限し、人類全体に基礎をおく世界政府づくりをめざす。戦後、各国の世界連邦運動を調整するために発足。カズンズ氏は一九六五年一六六年に第六代会長に就任。その後、名誉会長ならびに全米会長を務《つと》めた。

特別総会 通常総会以外に加盟国の要請《ようせい》により不定期に開催される総会。最近の主なものでは軍縮《ぐんしゅく》特別総会をはじめ、アフリカ・ナミビア特別総会などがある。

バランス・オブ・パワー 国際間の軍事力における相互抑止《よくし》、勢力の均衡《きんこう》のこと。十七世紀のウェストファリア条約から、第一次世界大戦まで西欧の国際体系を支配した原理。今日《こんにち》の核時代下においても引きつづきもちいられ、軍事的な意味で、勢力が同一水準であるために緊張《きんちょう》しながらも安定している状態のことをさす。

「不戦」倫理の確立

カズンズ　その必要を国連憲章は予見《よけん》していますね。そこには、つまり国連の将来を根本的に左右しかねない新たな事態が生じた場合、その事態を本格的に検討する会議（総会）を開催するという含《ふく》みが読みとれます。

この「新事態検討会議」が開催されるとして、その根本目的を考えてみると、それは、もちろん国連がその新たな事態に応じる法規を制定し、執行《しっこう》し、解釈しうる手段を探求《たんきゅう》することでしょう。しかも、このような会議は世界の諸国にとって、過去のことは過去のこととして新たに出発する機会ともなるでしょう。

こうして強化された国連に加盟して得られる恩恵《おんけい》は、全加盟国にとって平等でなくてはなりません。この新たな国連の一員たることが、万国共通の権利でなくてはならないのです。安全保障はもちろん、世界の万民共通の幸福に真剣な関心をもつ国家なら、いかなる国家といえども、この国連に加盟しあうことを躊躇《ちゅうちょ》してはなりません。

また、改革され強化された国連の一員たることには、恩恵《おんけい》にくわえて当然なことに義務と責任が伴《ともな》います。人類の権利たる恒久《こうきゅう》の平和、有意義な平和は義務を担《にな》わずして得られるものではありません。

加盟の条件は、明確に申し上げられると思います。すなわち規約を遵守《じゅんしゅ》すること、各加盟国の諸権利を尊重すること、義務をすみやかに履行《りこう》すること、および共通の安全保障に関する問題では国連の強制管轄権《かんかつけん》を原則的に受け入れること、この四点です。人類共同体は国家共同体に優先するというのが、要点です。

池田 「人類共同体は国家共同体に優先する」というのは「人類益は国家益に優先する」ということに通じます。このことを私は、機会あるごとに訴《うった》えてきました。こうした考え方が各国の賛同《さんどう》を得るか否《いな》かが、強化された国連がその後も長くつづくかどうかを決する、最も大切なポイントであるといっても過言《かごん》ではありません。

「人類益」という考え方は、これまでの国益が国家主権思想に裏づけられていたように、「人類主権」というべき思想に裏づけられねばなりません。人類主権とは、世界の全民衆が平和と幸福のうちに共存する権利をもつという思想を基盤《きばん》とするものです。ですから、それを阻害《そがい》するもろもろの条件を拒絶《きょぜつ》する権利も確立されねばならないでしょう。その意味から私は、教授があげられた四つの加盟条件にくわえ、五点目にあえて困難を承知のうえで、「不戦」倫理《りんり》の導入《どうにゅう》を提案《ていあん》したいと思います。というのも、この点をあえて明示することによって、その四つの条件が真に可能なものになると思うからです。

「不戦」を国際社会における各国家の最低限の倫理として確立することができれば、国連は人類益に資《し》するさまざまな事業を遂行《すいこう》していく基盤《きばん》がととのうはずです。この「不戦」倫理の確立によって、これまで投入されてきた膨大《ぼうだい》な軍事費を、各国家の国力に応じ、人類益事業の推進の基金《ききん》として拠出《きょしゅつ》させるなら、その財政的基盤をつくることもできます。

国連憲章　一九四五年、サンフランシスコで開かれた連合国会議で採択《さいたく》。国際平和、安全の維持《いじ》、人権・自由の尊重をはかるための国際協力等の内容を条文化したもの。国際社会の規範《きはん》といえる。本書二一三二ページの「大西洋憲章」の項を参照。

国家主権の絶対性に制限を

カズンズ　国連は社交クラブや、共済組合のようなものではありません。諸国家の義務を明確にし、履行《りこう》させるために存在すべきものです。これに従《したが》わない国家があれば、それが世界秩序《ちつじょ》には問題となります。

それが反抗的であればあるほど、問題は大きくなりますから、その国家を秩序ある世界の管轄内《かんかつない》に組み入れる必要もまた大きくなります。しかし、万国が加盟すべき国連であるなら、その前提《ぜんてい》として、平和にかかわる問題では国連が責任のとれる権限《けんげん》をもっていて当然です。

したがって、国連自体が名実《めいじつ》ともに力をもつようにすることこそ、国連改革の目的であるべきです。その力も侵略《しんりゃく》を防止できる、侵略が起きればただちに対応できるほど大きな力でなくてはなりません。また国家の軍備に関しても、効力ある法規を制定し、規制できる国連であるべきです。そのためには、国連が取り決める軍縮《ぐんしゅく》への道を諸国民は信頼しなくてはなりません。

そのうえに国連は、大量破壊《はかい》兵器の密造《みつぞう》に対しても、これを防止できるための査察《ささつ》権《けん》をもたなくてはなりません。


池田　国連が査察権をもつということは、逆にいえば、加盟国は査察を受け入れる義務を負《お》うということにほかなりませんね。

先に、ＩＮＦ（中距離核戦力）全廃《ぜんぱい》条約の検証《けんしょう》のため、米ソが取り決めた査察体制は画期的《かっきてき》なものであり、私はその先例にかんがみ、国連の査察権の問題もやればできるとの感触《かんしょく》をもっております。

「査察を受け入れる義務」は、実質的に国家の絶対的主権の一部制限を意味するものですが、国家エゴにとらわれているかぎり、人類の未来はありません。

人類の絶滅《ぜつめつ》を回避《かいひ》するためには、どうしても国家の軍事権に一部制限をくわえ、国家を超《こ》える機関へ権限《けんげん》を委譲《いじょう》していく必要がある、と思います。そして、国権《こっけん》の発動《はつどう》たる戦争の放棄《ほうき》をうたった日本国憲法が、今後どのように全地球的な規模で生かされていくかは、人類史的な実験としての意味をもつと思います。

ことが一国の問題にとどまらず、全人類の平和と幸福に影響をおよぼす問題については、国連がリーダーシップをとって解決に取り組む必要があります。

国連に査察権《ささつけん》をもたせることは、現在および将来の人類的課題《かだい》に取り組むさいにネック（障害《しょうがい》）となる利己的《りこてき》な国家主権の制限、これを実現していく具体的な第一歩となるでしょう。米ソ間で取り決められた査察体制は、たとえそれが牢固《ろうこ》たる岩壁《がんぺき》にあけられた小さな穴であろうと、その意義はきわめて大きいものがあります。

では、国家はすべての主権を放棄《ほうき》すべきかとなると、これはさらに別な角度から検討をくわえねばなりません。

カズンズ 当然、主権のなかには国家に残しておくほうがいいものもあります。問題は、どの主権を残しておくかということですね。

個々の国家の独自な制度と文化に関する主権ならば、その場合は国家が保持する権利を主張すべきです。

これについては、主権を「保持する」というより「回復する」というべきでしょう。なぜなら、国内の事柄《ことがら》に関しては、国家主権が世界の無秩序《むちつじょ》のために、はなはだ弱められてきたからです。

はやい話が、何百万もの市民の職業や運命を、また市民に課《か》せられる納税額《のうぜいがく》を、そして自由な制度にくわえられる圧力等を左右してきたのは、すべて戦争であるか、戦争への不安であったからです。

「希望の議会」「人類の議会」への道

池田　その意味で教授が「回復」という言葉を使われるのは、まさに的確《てきかく》だと思います。いわゆる「南北問題」として提起《ていき》されているものも、その主柱《しゅちゅう》は南、つまり発展途上国《とじょうこく》における民族の自決《じけつ》と自立であり、経済的、文化的な主権の「回復」であるからです。

戦前の植民地体制下で宗主国《そうしゅこく》が、これらの国々を利用してきた傷跡《きずあと》は、今でも経済面では「一次産品問題」*その他につながる、いわゆる資本形成の困難さというかたちで、途上国の発展に大きな障害《しょうがい》となっています。

低所得、飢餓《きが》、社会構造の硬直化《こうちょくか》という、発展途上の国々がかかえる問題の大きな要因は、これらの国々が自決、自立の経済的主権をいまだに獲得《かくとく》しえないでいるところにあるといってよいでしょう。

国連でうたわれている「新経済秩序《ちつじょ》」は、この点での経済的主権の「回復」に寄与《きよ》するものでなくてはなりません。

また現在、とくにアフリカ諸国で高い関心がはらわれていることに、植民地時代に圧倒的な権威《けんい》をもって浸透《しんとう》したヨーロッパ文明に対して、各民族の独自性に対する誇《ほこ》りを回復させるような、文化面での伝統性、固有性の発掘《はっくつ》、再評価の試《こころ》みがあります。これも、ご指摘《してき》になった事柄《ことがら》の重要な側面であると思います。くわえて、第二次世界大戦後、イデオロギーを異《こと》にした超大国の対立のなかで、南の国々は多く利用され、国内の政治的安定すら脅《おびや》かされてきたという歴史的経緯《けいい》もあります。

まことに「回復」という観点を考えただけでも、現代世界は是正《ぜせい》されるべき多くの課《か》題《だい》をかかえており、国連も対応できる態勢でなくてはなりません。

カズンズ　そうです。そのとおりです。そういう問題が、まったく重くのしかかっているうえに複雑さをはらんでいますから、基本的事実を検討する会議が開かれても開会早々につまずき、バラバラになる危険があるわけです。

であればこそ、国連のこの「新事態検討会議」では、各論的な実質討議《とうぎ》に入るまえに、まず、一会期内だけでは決定的な答えを出しきれないことを、率直《そっちょく》に認《みと》めることとが肝要《かんよう》です。諸問題はきちんと前向きに審議《しんぎ》されるべきで、審議期間のタイムリミット(期限)を定めてはなりません。この会議は、たんなる国際会議ではなく、歴史を生かす「希望の議会」であって、規模も多様《たよう》さも増大している国際社会の単位のなかで、自分自身を統御《とうぎょ》していく努力の道を学びとっていく会議でなくてはなりません。ゆえに、歴史の記録を徹底的に吟味《ぎんみ》してみるのが必要でしょう。知識には英知を、資料には洞察《どうさつ》を、把握《はあく》には構想を組み合わせていかねばなりません。

世界共同体へのこうした奉仕《ほうし》が、三年、四年かかろうと、長すぎるということはないでしょう。アメリカ独立革命のさいのフィラデルフィア会議は二年半余を要しましたし、同会議があつかった議題をめぐる公衆の討論《とうろん》は、さらに数年もつづいたという前例もあるからです。

池田 「人類の議会」たるべき国連を、もっと言論活動の内実《ないじつ》ある場にしていきたいものです。構造改革の過程《かてい》であればこそ、拘束《こうそく》されない言論による説得《せっとく》を第一義として、この過程で国連の面目《めんぼく》が失墜《しっつい》しない努力をしていかねばなりません。現に百五十*を超《こ》える国家が加盟している国連は、いってみれば〝国際民主主義〟の場そのものですから、徹底した討議《とうぎ》がなされて当然です。

かのガンジーのいわく、「善《よ》いことというものは、カタツムリの速度で動く」（坂本徳松『ガンジー』旺文社）と。言論による漸進的《ぜんしんてき》変革を説《と》いた名言《めいげん》だといえましょう。教授の言われたアメリカの独立革命についていうなら、徹底した討議が主導権をにぎりつづけたという点で、史上まれな事例になりえたからこそ、それは今にいたるアメリカン・デモクラシーの輝《かがや》かしい原点となっています。

真実の言論は、暴力や武力よりもよほど困難で勇気のいるものです。人間はつねに力への衝動《しょうどう》と戦っており、その衝動に勝つには精神の深みから発する自律《じりつ》と自制《じせい》が要求されるからです。この意味での自律と自制が失われないかぎり、言論は決して無力ではなく、対話は持続されるでしょう。

そこで、教授が提示《ていじ》されている国連の「新事態検討会議」が向かうべき具体的な方途《ほうと》についてはいかがでしょう。

一次産品問題　一次産品とは、第一次産業による生産物である小麦、砂糖、コーヒー等の食料や、原材料である鉱産物等、まだ加工されていないもの。一次産品の輸出に外貨獲得を依存《いそん》する開発途上国《とじょうこく》の交易条件が、需要の伸び悩み、価格の低下傾向で不利化していることをいう。

百五十を超える…… 二〇〇〇年四月現在、百八十八カ国が国連に加盟。

警察力をいかにそなえるか

カズンズ　まず「新事態検討会議」の組織と機能については、長期的な構想が大切です。そのうえで具体的には、この会議を部門別に分けることができるでしょう。

最初は総会において全般的な問題と目標について討議《とうぎ》をつくし、しかるのちに部門別の作業委員会に分け、これには各国が代表を少なくとも一人はおくようにします。この作業委員会を常設委員会とし、その作業日程に日限はないとします。その間のことは、総会が委員会から中間報告を受け、作業の大筋《おおすじ》について勧告《かんこく》するため、少なくとも年二回は総会を開くということにしてはいかがでしょう。

池田　そうした作業委員会が国連の会議では、重要な役割を果《は》たしますね。

その作業委員会には、当然、細部まで目くばりのできる専門家を配《はい》するのが大事ですが、これは同時に、広い視野《しや》から国連の役割を俯瞰《ふかん》できる人材でもあってほしい。

ともあれ、長期的に構想し、平和のいしずえを築くには、小事の着実な積みかさねが必要です。徹底した対話をねばり強く積み上げるのが大事ですし、しかもそこには、意識革命が同時に進められねばなりません。

カズンズ　おっしゃるとおりです。そこで私が思案《しあん》するような作業委員会がなしとげねばならない最も困難な、しかし最も大事なことは、世界法にもとづく統轄権《とうかつけん》が国連に付託《ふたく》されるまで、その途次《とじ》における警察力をいかにして国連がそなえうるか、その方途《ほうと》を提示《ていじ》することでしょう。

これには、さしあたって世界の安全を維持《いじ》していくための計画を、四段階にわたり実行していく予定表が必要ではないでしょうか。

まず第一の段階では、かつて「韓・朝鮮半島」に国連が駐在《ちゅうざい》させていた軍隊の、少なくとも三倍を動員しうるようにすることが考えられます。そうすることができれば、約百万人の兵力になります。これでも現代の軍隊の規模としては小規模ですが、たとえば朝鮮戦争のときのように、弱い地点にやすやすとつけこもうとする侵略《しんりゃく》に対しては抑止力《よくしりょく》になるとともに、象徴的《しょうちょうてき》な目的を果《は》たすには十分でしょう。

国連軍は完全に最新式の装備《そうび》であるべきで、法を破る国家が出てきた場合は、その軍事力に対抗する武器が手に入らなくてはなりません。それだけの兵力を構築《こうちく》するために参考となる先例が、朝鮮戦争の場合でしたが、朝鮮戦争と新たな国連の平和維持《いじ》努力とは、次の二点において抜本的《ばっぽんてき》な違いがなくてはなりません。

第一点は、これからは戦争の根本原因に対応しうる国連でなければならないということです。

第二点は法の執行《しっこう》にあたっても、大半の兵員と物資を積極的に拠出《きょしゅつ》してくれる国に依存《いそん》する国連であっては、もはやならないということです。

もちろん、国連が強制する平和に共通の大義があるからには、公平な義務の分担をいやおうのないものにするでしょう。信任・不信任の問題はここにはふくまれません。全関与国は世界への義務と、それぞれに課《か》せられた責任を了解すべきであり、自国の分担のみが全体の努力からすると不釣《ふつ》り合《あ》いだという不満をいだく根拠《こんきょ》は、もとよりないわけです。

池田　その場合も、平和維持への圧倒的なコンセンサスが世界的規模で形成されていなければならないわけですね。また、世界の諸国民が自国の国益にのみ目を奪《うば》われていたり、イデオロギーの桎梏《しっこく》にとらわれたりしていては、平和への圧倒的なコンセンサスは形成されないでしょう。

しかし、最近の世界情勢の変化は、楽観《らっかん》はできないにしろ、その点ではむしろ明るい兆《きざ》しが見え始めているといえるのではないでしょうか。

たとえば私は、ソ連のゴルバチョフ大統領が、社会主義のイデオロギー的帰結《きけつ》とされてきた「世界戦争不可避論《ふかひろん》」を、人類的価値《かち》を優先する〝新思考《しんしこう》〟外交にもとづいて、今日《こんにち》の核状況のなかでは放棄《ほうき》していることに注目したい。

そこで、国連の警察力をいかにすべきかというきわめて現実的な問題ですが、私はそのまえに、現在の「国連無力論」のよってきたゆえんの一つは、おっしゃるように大国への依存《いそん》という状況があったからだという点を、強調しておきたいと思います。

国連独自の警察力を現実に確保していくには、さまざまな困難が待ち受けていることは容易に推測《すいそく》できます。これは、世界法をいかに成立させていくかという問題と表裏《ひょうり》一体の関係にあるでしょう。

そこで法といえども強制力をともなわなければ空文化《くうぶんか》するということ、その強制力の裏づけとなるのが警察力だということを十分ふまえつつ、大国だけに依存《いそん》するのではない、加盟諸国が国際平和維持《いじ》の責任を担《にな》う新しいかたちの国連の警察力の構想が、真剣に検討されるべき時がきているといえましょう。

と同時に、その背景には平和を希求《ききゅう》する世界市民意識の高まりが、必須《ひっす》の要件となるでしょう。偏狭《へんきょう》なナショナリズムを乗り越えて、一つの国家の国民であると同時に、というよりも一つの国家の国民であるまえに、世界市民であるという自覚に立ち、そのうえで一つの国家に属しているという、開かれたナショナリズムへ意識を変えていかねばなりません。これをたとえて言えば、世界市民意識が「主題」であり、ナショナリズムは「変奏曲《へんそうきょく》」となるでしょう。

カズンズ　まったく同感です。私が論じている平和維持体制も、まだ途上《とじょう》のもので、究極《きゅうきょく》のものでありません。第二の段階では、実施しうる軍縮《ぐんしゅく》計画が上程《じょうてい》されるべきです。この段階までに、国連軍が平和の基礎を築くための後ろ楯《うしろだて》になるという目的を果《は》たし終わったとするなら、次の一歩は、偏狭なナショナリズムにもとづく国家の軍備を制限する方向へ進むことでしょう。そのさい、軍縮への呼びかけは各国を信頼してなされなければならないと思います。この軍縮《ぐんしゅく》計画に参加する代償《だいしょう》として、各国は、国連が引き受ける安全保障にあずかるべきです。それまでには国連も、実質的な軍事権限《けんげん》とともに、その警察力を必要に応じて補強《ほきょう》する権限をもつようになっているでしょう。

こういう呼びかけには、歴史的に無効になったのとはまったく異《こと》なる枠組《わくぐ》みのなかで、軍縮問題を討議《とうぎ》する余地《よち》が残されています。新たな枠組みは条約や協定とは無縁《むえん》なものでなくてはなりません。歴史的には条約やら協定やらの残骸《ざんがい》がごろごろしているわけです。そういうものにはよらず、有効な機構と措置《そち》、要するに法にもとづく軍縮に結びつく枠組みを用いるべきです。まさにそのためにこそ世界の諸国民が、条約等を結びあう当事国同士の善意にもまして、確固《かっこ》たる世界市民意識をもつという一点に、軍縮計画の成否《せいひ》がかかっていることを確信しなくては、いかなる軍縮交渉も、軍縮の削減数《さくげんすう》をめぐるいかなる提案《ていあん》も実《み》を結ばないと思います。

第二章　世界連邦へのアプローチ

時代の潮流は平和共存に

池田　本年（一九九〇年）六月にワシントンでおこなわれた米ソ首脳《しゅのう》会談は、両国の関係が近年、対立から協調へ、着実に進展していることを実感させるものとなりました。

先日、私はアメリカから来日したオキシデンタル石油会長のアーマンド・ハマー博士にお会いしましたが、博士は今回の首脳会談について、米ソ両国大統領が理解しあった点で大成功だったと評価しておりました。理解は信頼につながるからです。実際に米ソ首脳の対話の推進役を果《は》たしてきた方の発言だけに説得力《せっとくりょく》があり、私も同感です。

なかでも、軍縮《ぐんしゅく》問題の領域《りょういき》で、＊戦略兵器削減《さくげん》交渉（ＳＴＡＲＴ）の条約調印への具体的なメドがたった点を高く評価していいと思います。

長年の懸案《けんあん》であった化学兵器の廃棄《はいき》協定、地下核実験の検証手続きを定めた議定書の調印も実現するなど、軍縮《ぐんしゅく》への確かな歩みが加速化されたのは意義深いことです。米ソ関係が好転したことによって、冷戦《れいせん》体制が終結に向かいつつあるとの認識《にんしき》が一般化し、軍縮に向かう環境が全体的にととのいつつあることは間違いないと思われます。

ここで大事な点は、軍縮の問題を米ソだけにまかせておくわけにはいかないということです。米ソ二国間だけではなく、多国間でいかに軍縮を進めていくか。それにつけても、国連の果《は》たすべき役割が非常に重要であり、クローズアップされてくるでしょう。

カズンズ まさに、そういう時がきていると思います。

池田 そこで、一九七八年(昭和五十三年)の第一回国連軍縮特別総会(SSDI)で示された「最終文書」をあらためて確認《かくにん》しておきたいと思います。

この「最終文書」は、SSDIに集まった各国の討議《とうぎ》によって合意《ごうい》に達したものです。その内容は、軍縮への方向でめざすべき最終目標、原則、優先課題《かだい》を網羅《もうら》しております。

「文書」は序文、宣言、行動計画、および機構の四部からなります。

その序文の第一項には、「安全という目的の達成は、常に人類の最も深遠《しんえん》な願望の一つであった。諸国は、長い間、軍備の保持によってその安全を維持《いじ》することを追求してきた」「しかし、兵器の蓄積《ちくせき》、特に核兵器の蓄積は、今日《こんにち》、人類の将来にとって防衛というよりは、脅威《きょうい》を構成している」「今やこうした状態に終止符《しゅうしふ》を打ち、国際関係における武力の行使《こうし》を放棄《ほうき》し、軍縮《ぐんしゅく》に安全保障を求める時がきた」とあります。

次に宣言では、「軍縮の主要な目標は、人類の生存を確保すること、および国連憲章に規定されているごとく戦争がもはや国際紛争《ふんそう》を解決するための手段ではなく、また武力の行使および武力による威嚇《いかく》が国際生活から除去《じょきょ》されることを確保するよう、戦争とくに核戦争の危険を除去することである」と明示しています。ＳＳＤＩが開かれた当時は、まだ軍縮への確《かく》たる展望が見えていない状況で、これだけの認識《にんしき》がすでにできていたわけです。この点を私は重視します。

そして行動計画では、軍縮交渉の優先課題《かだい》として「核兵器、化学兵器を含《ふく》む他の大量破壊《はかい》兵器、過度の殺傷性《さっしょうせい》をもつか、無差別な効果をもつと見なされる通常兵器、および兵力の削減《さくげん》」をあげています。まさに今日《こんにち》に全部つながるものばかりです。米ソ両国の平和共存体制が、時代の大きな潮流《ちょうりゅう》となりつつある今こそ、こうした試《こころ》みがグローバルな規模で実行に移されねばなりません。今がチャンスです。

戦略兵器削減交渉 中距離核の廃棄《はいき》につづき、大型核ミサイル、核弾頭の戦略核を対象に、一九八二年六月、ジュネーブで開始された米ソの削減《さくげん》交渉。九一年にＳＴＡＲＴＩとして米・ソ間で調印、九四年に批准《ひじゅん》されている。

核エネルギー管理の構想

カズンズ　そうです。実行可能な軍縮案《ぐんしゅくあん》にしても大量破壊《はかい》を目的にした兵器については、すべてこれを制限するという項目がふくまれていて当然です。

この種の兵器を諸国が製造するのを防止するには、査察《ささつ》と制裁《せいさい》が強制的におこなわれなくてはならない。

たとえば原子力の開発にしても、適切な安全基準のもとでなされるべきです。各国はこの措置《そち》に、自国の資源と産業体制が許すかぎり参画《さんかく》し、この寄与《きよ》によって得られる恩恵《おんけい》は、全参加国の努力の総体と釣《つ》り合うものでなければなりません。

このように取り決めれば、ことに保健と経済開発に関心のあるところではいかなる国も、原子力の恩恵が受けられるばかりでなく、原子力施設のある国には、平和目的のための開発権と使用権という主要な権利が与えられていいと私は思います。

その場合でも国連の査察官は、そのような施設が軍事目的に転用されないように、用心には用心をかさねて、安全基準を守り、監視《かんし》をつづけていくべきです。そして、万国が国連に加盟し、戦争防止の手段を確立したあかつきには、国連それ自体が即《そっ》刻《こく》、核兵器の製造停止に乗り出すべきです。

核兵器制限へのこの構想が、従来の構想と異《こと》なる点は主に、戦争そのものに反対できる力が、この段階で国連に付与《ふよ》されるところにあります。原子力を諸国間で管理するというかつてのバルーク案では、核兵器の使用を迫《せま》りかねない状況に対応できる機構をまったく抜きにして、核軍縮《ぐんしゅく》のみが求められました。

今ここで私の言う構想では、原子力管理がまったく欠如《けつじょ》した状態にあるとか、戦争に対しては、わが国を守り、わが国の権利を確保してくれる力をもった機関がないではないかという反論は、いかなる国がもちだしても、それは正当な主張になりえないはずです。

池田　核の軍事転用防止のための査察《ささつ》は、今のところ、ＩＡＥＡ（国際原子力機関）が主たる任務として推進しております。

これは、一九八六年（昭和六十一年）秋に東京で元米国務長官のキッシンジャー*博士と対談したさいにも申し上げたことですが、「軍事利用」に関する査察《ささつ》のみでなく、原子力発電などの「平和利用」に関しても、安全対策、技術管理についての国際的基準をもうけて安全利用をはかるために、査察がおこなわれるべきではないでしょうか。

ソ連のチェルノブイリ*原子力発電所の事故以来、核エネルギーの管理についての議論が国際的にも高まっており、放射能による汚染《おせん》がきわめて広範囲《こうはんい》におよんでくることを考えると、その管理を国連にゆだねるというプランは、たいへん妥当《だとう》なものとして世界世論の賛意《さんい》をとりつけることができると思います。

第一回国連軍縮《ぐんしゅく》特別総会の折に、私は「核軍縮及び核廃絶《はいぜつ》への提唱《ていしょう》」をするなかで*十項目の提案《ていあん》を発表しました。そしてそのなかで核兵器の全廃《ぜんぱい》と通常兵器の削減《さくげん》に向かう前段階として、国連がイニシアチブ（主導権）をとり、当面はまず核エネルギーの安全管理を可能にする道を模索《もさく》すべきであると提案しました。第一段階では、原子力を国連の監視下《かんしか》におき、その管理も国連にゆだねるべきだということです。

この問題への関心が国際的に高まっている今こそ、国連が人類の生存と安全のために、「軍事利用」と「平和利用」の両面にわたる核エネルギー監視《かんし》体制を、責任をもって実現すべき時機である、と私は思うのです。

もちろん、こういった権限《けんげん》と機能を国連がもち、発揮《はっき》していくためにも、国連それ自体の構造強化が必要です。教授は、「世界の安全を維持《いじ》していくための計画を四段階にわたり実行していく予定表」が必要だと言われました。その第一段階では国連の警察力を整備し、第二段階では「実施しうる軍縮《ぐんしゅく》計画」が上程《じょうてい》されるべきだということでしたね。

カズンズ　そうです。そこで第三の段階ですが、これは今、要約していただいた、まえの二段階から発展してくるものです。ここでは、実施しうる軍縮案がいかなるものであれ、国連にはしかるべき独自の軍隊をそなえさせるとともに、その軍縮案を遂行《すいこう》する永続的な機構をかたちづくることが前提《ぜんてい》であり、必須《ひっす》条件です。ですから、その次は国連それ自体の全貌《ぜんぼう》は、どうなるのかという問題が提起《ていき》されるでしょう。

その全貌、つまり国連総体の形態ですが、これは国連のもつ権限および限界に不可《ふか》避《ひ》的《てき》に関係づけられます。法はまず力を制してこそ法であり、法はまた司法機関と執《しっ》行《こう》機関をとおして働くものです。法にそむく国が潜在《せんざい》していても、違法国を取り締《し》まるべく設置された機関よりもそれが強くなることを、法が決して許さない。こういった理念が実行されていくなかにこそ、統治《とうち》の形態もかたちづくられてきます。

それが良い統治か悪い統治か、指導者をふくめて全員が法に服する統治体かどうか、国家と国民を支配することしか考えない少数者の、あるいは独裁者《どくさいしゃ》のたくらみに法が奉仕《ほうし》する統治体かどうか――こういった問題はすべて、その組織の創設者《そうせつしゃ》たちの英知と勇気、彼らを裏でささえる民衆の委任《いにん》、および民衆の信望を失わない創設者たちの手腕《しゅわん》によるといえるでしょう。

キッシンジャー（一九二三年―）　ドイツ生まれ。ナチスによるユダヤ人迫害《はくがい》を逃《のが》れ十五歳で家族とともに渡米。ハーバード大学教授をへてホワイトハウスに入り、国務長官を歴任。ベトナム和平の功績によりノーベル平和賞受賞。

チェルノブイリ原子力発電所の事故　一九八六年四月、ロシアで引き起こされた炉心溶融による原発事故。広島型原爆《げんばく》の約三百五十発分（セシウム67に換算）と推定される原発史上、最悪の大量の放射能もれ事故となった。白血病の死亡率や、子ども甲状腺ガンの発生率が増加するなど現在も健康被害がつづいている。

十項目の提案 一九七八年の第一回国連軍縮《ぐんしゅく》特別総会に対して、ＳＧＩ会長は「核兵器廃絶《はいぜつ》への道」と題して国連のリードのもとに①各国のトップが一堂に会して直接、核廃絶のための徹底討議《とうぎ》②核エネルギーの安全な管理体制づくり──等の十項目の提案《ていあん》をした。『池田大作全集 第一巻』に収録。

考えられる三つの形態

池田　ちなみに、一九八七年に二百周年を迎えたアメリカ合衆国憲法にうたわれる理想は、同時代的にはフランスをはじめ全欧州、およんでは全世界に強い影響を与えつつ、米国社会の精神的支柱《しちゅう》になってきました。今日《こんにち》にあっても有効であるという意味では世界最古《さいこ》の成文《せいぶん》憲法となった合衆国憲法が、生命をたもちえたのには、それなりの理由があると思います。

哲学者のハンナ・アレント＊は、アメリカ革命は「勃発《ぼっぱつ》したのではなく、共通の熟慮《じゅくりょ》と相互誓約《せいやく》の力にもとづいて、人びとによってつくられたもの」（『革命について』志水速雄訳、中央公論社）と指摘《してき》しております。

また、合衆国憲法についても「創設《そうせつ》が一人の建築家の力ではなく、多くの人びとの結合した力によってなされたあの決定的な時期を通じて明らかになった原理は、相互約束と共通審議《しんぎ》という、内的に連関した原理であった」（同）といわれます。まことにその初心の深さ、確かさが長命《ちょうめい》の理由だといってよいでしょう。

また、一九四一年の大西洋憲章から四五年の国連憲章への流れも、かつての国際連盟が結局、第二次世界大戦を阻止《そし》できなかったという痛恨《つうこん》の経験にもとづき、戦後に、今度こそ平和を維持《いじ》し、世界を復興《ふっこう》しようとの熱《あつ》い理想主義的な民意から生じたものといえるでしょう。そのさいの米大統領フランクリン・D・ルーズベルトの熱意は、カズンズ教授のほうが熟知《じゅくち》しておられると思います。

肝心《かんじん》なことは、世界の平和と人類の幸福という目的に向けて、合衆国憲法の制定時や、国連憲章の制定時に勝《まさ》るとも劣《おと》らない理想を花開かせていくことですね。

ただここで注意すべき点は、合衆国の草創期《そうそうき》においても、またアメリカが国際政治の場で重要な役割を担《にな》うようになった今日《こんにち》においても、安全のためには連帯が必要とされてきたのに、その一方では国連内でも諸国間の利害の衝突《しょうとつ》があるため、それがいつも問題を惹起《じゃっき》しているということですね。

カズンズ ですから、米国の連邦制度といえども、そのあり方が問われています。国連が世界共通の安全を確保するために十分な権威《けんい》をもつだけではなく、各国に内政上の主権の保持を保障していくには、世界の新事態を検討していく国連内の会議においても連邦主義の諸原則そのものを真剣に検討することが必要になってくるのは、おそらく不可避《ふかひ》のことだろうと思われます。

その点をかんがみつつ、現在の国連総体に代わりうる形態を、次に考えてみたいと思うのですが。

池田　どうぞ、お話をつづけてください。

カズンズ　その第一はリーグ（連盟）です。

このリーグというのは、条約によって団結した諸国家のゆるやかな、比較的に自由な組織です。このもとにあっては、各国家が主権を保持します。それは軍備についても、共同の安全にかかわる他の件についても、変わるところがありません。

歴史を見わたすと、種々のリーグ制がありましたし、かつての国際連盟も、その後身である現在の国際連合つまり国連も、リーグです。しかし、これまではリーグ制そのものが挫折《ざせつ》をきたしたことをかんがみると、ふたたびこの制度を諸国の代表が選んで、歴史の前車《ぜんしゃ》の轍《てつ》を踏《ふ》まなければいいがという気がします。

第二はコンフェダレーション（同盟）です。

このコンフェダレーションというのは、リーグを一歩乗り越えた形態です。すなわち諸国家の間に、かなり有機的な関係を確立し、諸国家の義務もかなりよく定めようとする組織といっていいでしょう。それでも、この種の組織に欠如《けつじょ》するのは、諸国家にその義務の履行《りこう》を強《し》いる、もしくはこの同盟それ自体の法規を完全に執行《しっこう》しうるための構造的な基礎です。

これともう一つ、共同の危険、共同の必要に明らかにかかわる問題でも、国家主権を超《こ》える共同主権が欠如します。

次は、強力な中央集権的形態です。これについては、はたして強力な中央集権型の統治《とうち》体《たい》が確立されるだけの歴史的条件が、今あるかどうかが疑問です。実際、中央集権化した国連を無力化するのにいちばん手っ取りばやいのは、国連の受容力をはるかに超えた機能と権限《けんげん》を国連に与えることでしょう。

たとえば課税《かぜい》、造幣《ぞうへい》、出入国管理、交易、経済開発や相互安全保障と防衛、福祉全般の分野で各国家が行使《こうし》する権限のすべてを、新たな国連が背負《せお》いこむなら、その業務は繁雑《はんざつ》きわまりなく、また軽重《けいちょう》の知れないものをあつかうことになり、おそらくは早々とこの国連自体が解体してしまうことになりかねない。

しかも、諸国家の制度、体制、文化の違いが、中央集権型の管轄権《かんかつけん》をあえて維持《いじ》しようとするグローバルな組織には、とても乗り越えられない障壁《しょうへき》になりそうです。

池田　世界がこれだけ狭《せま》くなり、しかも人類滅亡《めつぼう》につながる核兵器も出現していることからすると、世界平和のためには、何らかのかたちでのグローバルな統合への組織づくりが、不可欠であることはいうまでもありません。しかし、その組織づくりが、弱小国を犠牲《ぎせい》にしてなされてはなりません。地球的な規模の組織づくりと並行《へいこう》して、世界の諸地域や、諸地方の活性化の二つが、いわば車の両輪《りょうりん》のように進められなければならないでしょう。

ですから、教授が連邦主義の諸原則を真剣に検討することが必要になるだろうと言われる意味も、よくわかります。それは普遍的《ふへんてき》な安全保障を実現していくうえでの国連の権威《けんい》と、各国家の内政上の主権の保障という両方をみつめて、絶妙《ぜつみょう》なバランスをとりつつ進めていくべきで、拙速《せっそく》はまったく禁物《きんもつ》です。

今でこそ国連という場において、主権国家は障害《しょうがい》のイメージがきわだっていますが、そこには善悪両面があることも、勘案《かんあん》されるべきでしょう。

歴史的にみれば、主権国家が攻撃的なイメージをもつにいたったのは、近代化に先んじたヨーロッパ列強諸国の植民地主義が、世界を蹂躙《じゅうりん》しはじめたとき以来のことだと思います。

その植民地主義の凶暴《きょうぼう》な牙《きば》の犠牲《ぎせい》になってきたアジア、アフリカ等の諸国にとっては、そのイメージとは逆に主権国家は、民族自決《じけつ》の権利や「回復されるべきもの」の象徴《しょうちょう》として切実に希求《ききゅう》されてきたわけです。

したがって、この問題の両面を考えると、国連の強化改革をめざしつつ、慎重《しんちょう》かつ漸進的《ぜんしんてき》に解決をはかっていかねばならないと思います。

カズンズ その点をかんがみつつ申しますと、国連機構の強化改革への最も安全かつ健全な道は、おそらくフェダレーション（連邦）という形態、その権限《けんげん》は限定されるけれども、必要かつ十分な権限をもつという形態にしていくことではないでしょうか。これを名づけていえば、世界連邦です。

このような連邦体なら、各国家はそのなかにあって、共同の安全と共同の発展に関する問題以外の事柄《ことがら》については、自国民に対しても、それ独自の制度や体制に対しても固有の権限《けんげん》を保持していけるでしょう。

つまり、連邦の管轄権《かんかつけん》と国家の管轄権の明確な分離が、また連邦のなかで共有される主権と国民国家によって保持される主権の明確な分離が、維持《いじ》されていくでしょう。

連邦化された国連の権限は、あくまでも共同の必要と共同の危険に対処するものだけに限定されるべきです。

また個人への管轄権についていえば、それは、すべての人間の安否《あんぴ》を左右する問題への対処だけに限局《げんきょく》されるべきです。

ここで想起《そうき》されるのは、かのニュールンベルク裁判*が、戦争行為に対する個人の責任と有罪判決を原則にしておこなわれたことでしょう。今日《こんにち》において必要なのは、それとまったく同じ原則です。

ただ一点、それと異《こと》なるべきことは、すでに危害がくわえられ、死者が数えられたあとに有罪者が逮捕《たいほ》されるのではなくて、それこそ戦争を予防するという目的に間にあうようにすることではないでしょうか。

池田 同感です。

アレント（一九〇六年―七五年） アメリカの政治哲学者。ドイツ生まれのユダヤ人女性で、ヤスパース、ハイデッガーらに学ぶ。ナチスの迫害《はくがい》を逃《のが》れアメリカに亡命後、帰化。著書に『全体主義の起源』等がある。

大西洋憲章 米大統領ルーズベルトと英首相チャーチルが、戦後世界に対する米英両国の基本的態度を明らかにした宣言で、領土不拡大等の八つの原則から成《な》り、のちに国連憲章の基本的理念へと発展していった。

ニュールンベルク裁判 第二次大戦後、ドイツ南部のニュールンベルクで開かれたナチスドイツの主な戦争犯罪人二十二人に対する国際軍事裁判。侵略《しんりゃく》戦争の犯罪性を断罪し、個人の戦争責任を追及したことなどで知られる。

バランスとれた統合体を実現

池田　国家主権の問題に関連して興味深いのは、ルソーやカント*のように世界平和へのシステムづくりに熱心だった思想家ですら、国際機構による国家主権の侵害《しんがい》に関しては、きわめて警戒的《けいかいてき》であったという点です。この点からいっても、近代国家の形成過程《かてい》における国家主権は、むしろ防衛的で自立的なイメージが強かったようです。

ご承知のように、ルソーは「主権をそこなうことなしに、どの点まで連合の権利を拡張することができるか」（『エミール 下』今野一雄訳、岩波文庫）とみずからに問いかけつつ、ゆるやかな連合である「同盟」や、緊密《きんみつ》な連合である「連邦国家」をともにしりぞけ、その中間形態としての「国家連合」への方向を探《さぐ》っています。

そうした模索《もさく》は、平和への実効性《じっこうせい》が欠如《けつじょ》する「同盟」の短所や、国家主権を侵害する恐《おそ》れのある「連邦国家」の短所だけでなく、それぞれの長所をも秤《はかり》にかけたうえでの、ぎりぎりの選択《せんたく》であったと思われます。

それにカントも国家主権の保護のために、連合の目的は平和の維持《いじ》だけに限定されるべきだとして、「たんに戦争の除去《じょきょ》を意図するだけの国家の連合状態が、国家の自由と合致できる唯一の法的状態である」(『永遠平和のために』宇都宮芳明訳、岩波文庫)と述べています。してみると、用語の差異《さい》はともかく、ルソーもカントも、強力な中央集権型の統合体へ移行することには警戒的《けいかいてき》で、「全体」と「部分」とのバランスを見すえながら「中道《ちゅうどう》」を探《さぐ》っているようです。やはり、道理と良識のおもむくところ、バランス感覚を働かさざるをえないということでしょう。

もはや、十八世紀的、十九世紀的な意味での主権国家が、通用しなくなってきていることははっきりしています。今後の課題《かだい》は、ことに経済の分野もふくめて、バランスのとれた発展を可能にする統合体をどう具体的に構想し、実現していくかではないでしょうか。

カント(一七二四年―一八〇四年)ドイツの哲学者。批判的先験的哲学を創始《そうし》した、ヨーロッパ近世の代表的哲学者の一人。著書は、『実践理性批判』『判断力批判』ほか。

第三章　「部分」と「全体」の調和

超克《ちょうこく》すべき「国家悪」

カズンズ　昨年（一九八九年）以来の世界の激動は、自由主義の画期的《かっきてき》な勝利を印象づけました。これを最も特徴づけるものは「民族の自主独立」という潮流《ちょうりゅう》です。

されど、私たちの時代における自主独立は、相互依存《いそん》の世界システムによらなければ、維持《いじ》できるものではありません。全体主義からの離脱《りだつ》は、共同の諸問題に共同の解決法をもって対処できる新たな構造を必要とします。

池田　安全保障の面でも、主権国家同士がそれぞれ軍事力を増強《ぞうきょう》し、軍事同盟を強化していく方向性は、まったく時代遅れになっています。これからは、むしろグローバルな相互依存の構造が要請《ようせい》されるとのご意見に、私も賛同《さんどう》します。それは、グローバルな「不戦」の構造の確立をも意味します。時代の風は、まさにその方向に吹き始めています。

カズンズ　今では完全な主権国家は、かつて歴史的に存在理由のあった国家とは別個の存在と化《か》しています。完全な主権をもつ国家でも、その市民の生命、諸価値《しょかち》、財産を守ることはできません。それだけではなく、完全な主権国家そのものが、生命と創《そう》造《ぞう》の自由に反し、実際、有害な存在になっています。

池田　そうなった事例は、歴史的にもこと欠きません。近くは八九年、東欧に同時多発的に起きた民主化、自由化への激動は、そうした「国家悪」に対する決起《けっき》という側面が見られます。

もはや民意を無視したものは受け入れられなくなっています。

カズンズ　個人の側からいえば、今日《こんにち》の世界にあってはもはや国家をあてにして、わが身の安全保障を頼《たの》むわけにはいかなくなったのです。外国から侵略《しんりゃく》されたり強襲《きょうしゅう》されても、国家は個人を守りきれないのですから。その国のまわりの海がどんなに広くても、その国の防衛がどんなに手強《てごわ》く周到《しゅうとう》であっても、その国の民は一撃必殺《いちげきひっさつ》の急襲にしてやられる状況になったのです。しかも突然に。

もちろん、報復力《ほうふくりょく》をもった国はありますが、その報復力を実際に行使《こうし》すれば、自分自身が襲《おそ》われるというかたちの交戦になりかねません。武力は、今日では生存を可能にする繊細《せんさい》にして微妙《びみょう》な条件を、危《あや》ういものにしてしまうからです。

池田　まさにその意味で、核時代は、絶対主権国家の存在理由を根底《こんてい》から揺《ゆ》るがしております。西ドイツのヘルムート・シュミット前首相が、最近の発言のなかで「私は、国民国家がいかなる固有の社会的、経済的、政治的秩序《ちつじょ》をうち立てようとも、来世紀の問題はこれによっては解決しないと考えている」と述べていますが、これは多くの人の実感だと思います。いうなれば、十七世紀以来の国民国家体制そのものが、根本的に問われているような気がしてなりません。

カズンズ　私もそう思います。むろん、国家にも、それなりの権利はあります。たとえば大義のためにはやむをえず人柱《ひとばしら》を立てる権利、つまり国民の防衛のため人命を犠牲《ぎせい》にする権利はあるでしょう。しかし、生命自体が存続できる諸条件を攻撃の目標にしてもいいという権利などは、まったく国家や為政者《いせいしゃ》の政治的権利にふくまれてないはずです。

核戦争は、敵対する国家同士が対決しあうだけの戦争ではありません。核戦争は、生命自体の存続を可能にする自然の生命的バランスさえも破壊《はかい》する戦争です。

池田 もちろん「主権国家」を一方的に「悪玉」あつかいにはできません。すでに申しましたが、主権国家の成立過程《かてい》には、その存在が「防衛的」「自立的」な役割を果《は》たしたという側面が当然ありましたし、この歴史的事実まで否定するのは正しいことではないと思うのです。

しかし、主権国家はその本性上《ほんせいじょう》、必然的に「権力の魔性《ましょう》」を内在《ないざい》させており、この魔性はこれまたその本性上、必然的に民衆を支配下におき、抑圧《よくあつ》しようとする傾向性を有してきたという点だけは見逃《みのが》してはならないと思います。

科学技術の長足《ちょうそく》の進歩がもたらす兵器の破壊力《はかいりょく》、殺傷力《さつしょうりょく》の増大は、そういった傾向性をはらむ主権国家の危険性をグロテスクなまでに肥大化《ひだいか》させてきました。なかでも、核兵器をめぐる状況は、ソ連のゴルバチョフ大統領をして、「階級的価値《かち》」から「人類的価値」へ優先順位を逆転《ぎゃくてん》させる「新思考《しんしこう》」外交をとらざるをえなくさせるほど、のっぴきならぬものでした。

第三世界諸国の発展と安定化

カズンズ　ゴルバチョフ大統領のイニシアチブ（主導権）に最も象徴《しょうちょう》される出来事も、歴史の論理が、自己主張をしている過程《かてい》の一部にあたるものと私は見ています。話を米ソ関係の改善という具体的な点に移せば、これまでにも種々の「緊急策《きんきゅうさく》」が提案《ていあん》されてきました。

しかし本当に必要なのは、両国間でやりとりする議論において態度や語調が改《あらた》まることではありません。そのほうも改めながら近づきあうのはむだではありませんが、本当に必要なのは、両国が適合しうる世界組織であって、それも実際に力のある機構です。

ですからまた、大事なことは一方が他方に何を言うかだけではなく、永続性のある平和を組織するために、言葉に行動のともなう提案をいかにするかでしょう。

われわれのきわめて明らかな、相互的にして究極《きゅうきょく》的な目標は、核兵器を廃棄《はいき》することだけではなくて、戦争そのものを廃絶《はいぜつ》することでなくてはなりません。軍拡競争《ぐんかく》に終止符《しゅうしふ》を打つのは出発点であり、それがめざすべき到着点でないことは、もちろんです。

池田 大きな一歩が踏《ふ》みだされましたが、それはあくまでも歩み始めたということです。もはや大国間の戦争は遠ざかった状況になっていますが、依然《いぜん》として第三世界での紛争《ふんそう》がなくなりません。そのため、第三世界諸国の軍事費の増大が、自国内の経済の発展を阻害《そがい》するという悪循環《あくじゅんかん》を生んでいます。

その種の紛争の火種《ひだね》を先進諸国が消す方向にまわり、第三世界諸国の経済の発展と安定化をはかるなら、全体として地球社会の未来は、ずいぶん明るくなるにちがいありません。

カズンズ 経済の発展は、とくにアジアとアフリカでの発展が、国連の世界連邦化へめざましい機会をもたらすはずです。

しかしながら、この両地域の国々の多くは今のところ一世紀余にわたる他国の支配から脱皮《だっぴ》している最中にあるということ、またその当事国からみて、国内の発展と統制という、その国自体の諸問題への干渉《かんしよう》と思われるようなことは何事もしてはいけないという点が、よく認識《にんしき》されねばなりません。

したがって、ここで確認《かくにん》すべきことは、個々の国家に対する経済、技術、科学上の援助の申し入れは、その当事国自身の要請《ようせい》によって初めてなされるべきであるという点でしょう。

そうして援助がなされる場合も、それぞれの開発事業が、当事国の独自の文化、制度、体制と調和をたもっていくような仕方で進められるとともに、その当事国自身の施設、設備、人材が十分に活用されるように、最大の心くばりが必要です。

「多国間援助」の進展に向けて

池田 国連はその創設《そうせつ》当時から、平和維持《いじ》とともに発展途上国《とじょうこく》の開発援助を、その活動の大きな柱としてきました。実際、開発の資金協力の面では世界銀行が、技術協力の面では国連開発計画（UNDP）が中心となり、総会はもちろん、部門別には経済、社会、文化等の数多くの専門機関が、それぞれに活動しています。

そのなかでも、とりわけUNDPは、国連食糧農業機関（FAO）や国連教育科学文化機関（UNESCO）や国連工業開発機関（UNIDO）等に、その一元的に集めた資金を振り分けております。政治的には中立です。援助のさいに与える助言《じょげん》は、当事国の自立を重んじ、その質も普遍的《ふへんてき》な開発援助をめざしています。

それにくらべると、先進国から途上国への二国間援助の場合は、発展途上国自身のニーズをあまり反映しない政治性や、その他の要素が入りこみがちになります。

その点は、国連を中心とした多国間援助*のかたちのほうが、当事国の独自の文化、制度、体制とも、合致《がっち》しつつ、その国の人材と資源を十分、活用するような開発援助がおこなわれやすい、と私も思います。

しかし残念ながら、国連を中心とした多国間援助は、現在のところ二国間援助よりも、まだまだ少ないといわざるをえません。ですから、援助の性格と効率《こうりつ》の問題をも考えあわせて、より望ましい多国間援助が進展するよう、世論を高めていくことも大切です。

カズンズ　おっしゃるように、すでに国連はその機構内に、多くのすぐれた機関をそなえており、その分野も世界保健、食糧、難民問題、教育、科学などにわたっていますが、それらの機関が有効な活動を展開していくには、二つの事柄《ことがら》がじつは障害《しょうがい》になっています。

その一つは、部門別のこれらの機関に実際の権威《けんい》がともなわず、必要とされている活動計画を実行していく十分な手段もないということです。障害の二つめは、諸国の大半が、その活力と資源のほとんどを軍事目的に振り向けている点にあります。国連のこれら専門機関に権威と手段をともに完備させれば、機関自体が世界の人々の生存状態をよくしていくのに大いに役立つということを明らかにしうるでしょう。

これらの機関はもちろん、直接的には国連の立法機関に対し責任があり、また立法機関によって設立されたものです。

権威《けんい》はいったいどこにあるべきか。総会にでしょうか。安全保障理事会にでしょうか。*

まず総会についていえば、その現在の形態によると諸国は、人口が大きな国も小さな国も対等な地歩《ちほ》を占《し》めており、こうした現状にある総会に重要な権限《けんげん》が与えられるのを大国が望ましいとするとは考えられない。

それに対し、安保理事会は、大国が運営していて、しかも全会一致の原則にしばられている。ということは、大国のかかわりあう重大な懸案《けんあん》に法の遵守《じゅんしゅ》を厳格《げんかく》にしながら決着をつけようとしても、大国が拒否権《きょひけん》を行使《こうし》することにより法を否認《ひにん》しますから、現在のところは決着がつけられないということになります。

では、総会と安保理事会の権威のあり方を決めなおそうではないかとなると、そういう試《こころ》みはすべて、代表権と権限割り当てをそもそも問わねばならないことになります。

代表権については人口数による平等制一本で決めるということになると、二、三の人口大国が票決《ひょうけつ》を圧倒的に支配できるでしょう。一国一票制を続行していくということになると、総人口がたぶん二千万の小国家群が少数派でも、総人口七億五千万あるいはそれ以上の国を票決では打ち負《ま》かしうることになりかねません。

この問題がおそらくいちばん手のつけにくい問題でしょうね。代表権なくしては権《けん》威《い》がない、しかし現状のもとでの代表制では、そもそも代表権ではありえないと思われます。

多国間援助　国連の関係機関だけではなく、各種の国際機関によっておこなわれる援助のこと。国連難民高等弁務官事務所（ＵＮＨＣＲ）の難民への救援活動や、国連児童基金（ＵＮＩＳＥＦ、ユニセフ）の児童救済《きゅうさい》活動などがよく知られている。

安全保障理事会　国連の主要機関の一つで、総会とともに国連において最高の位置にある。国際間の平和と安全の維持《いじ》を担当し、紛争《ふんそう》の平和的解決と侵略《しんりゃく》行為の防止などを任務とする。十五カ国で構成され、そのうちアメリカ、ロシア、イギリス、フランス、中国の五カ国は常任理事国で拒否権《きょひけん》をもち、他の十カ国は任期通常二年、毎年半数交代で、総会によって選挙される。

地域差とりいれた「二元的連邦制」

池田　国連における代表制の現状については、私も意見を交換したことがある北欧の代表的な平和学者ヨハン・ガルトゥング博士が、興味深い改革試案《しあん》を提示《ていじ》していたのを想起《そうき》します。それは、国連を上院と下院の二院制にして、上院は現在のように一国一票制、下院は人口比にすべきだというものです。ただし、単純に人口比にすると国連下院の四分の一は中国人、六分の一はインド人……となってしまうので、ガルトゥング博士は、国別人口数に平方根《へいほうこん》（自乗根《じじようこん》、ルートのこと）をかける方式を採用《さいよう》してみてはどうかと話していました。

この問題は、一筋縄《ひとすじなわ》ではとても解決できない点を多くはらんでいますが、二院制という発想《はっそう》は一考《いっこう》に値《あたい》するのではないでしょうか。この場合、下院については諸国が十分に討議《とうぎ》して、単純に人口を反映するだけでは合意《ごうい》が得られないようであれば、そのほかの指《し》数《すう》をふくめるような方向で考えてみてはどうかと思います。

カズンズ　従来のままではジレンマですが、国連内に地域差をとりいれた「二元的連邦制」という考え方でいくなら、解決のメドがつくかもしれません。つまり従来の全世界的国連のほかに、地域別の国連をもうけるということですが、この方式でいくと、総会は地域をもとにして実質的なかたちに割れるでしょう。これは人口、面積、資源、その他の重要な要素を勘案《かんあん》して地域割りにし、分割された各総会は、仮《かり》に百票、あるいはそれ以下の投票総数でおさまるようにしてはどうでしょうか。

この仮称「地域国連総会」のそれぞれが、全世界的総会（全体総会）を構成する一単位になります。この一地域単位の構成メンバーが、たとえば十人からなるとして、そのなかの二人が代表する人口合計数が残り八人の代表する人口合計数を上まわる場合は、公平な代表制になるように、人口の多いほうに比重をかけることもできます。

一方、「地域総会」の構成メンバーは「全体総会」でのグローバルな議題に対しては、独自に投票できます。

地域総会内にも当然、意見の違いはあるわけで、これをつねに一本化して全体総会にのぞまねばならないということではなく、意見の相違《そうい》は相違として反映されねばなりません。だから百票も、全体総会では分割されることがありうるわけです。

このような地域割り方式の利点は、単純な人口比による一元的代表制の行き詰《づ》まりの解決策になるだけでなく、もっと多くの点にまでおよびます。すなわち経済的、文化的、政治的な利益は地域によってグループがある程度は分かれるという点を、この方式は認《みと》めますし、これらの固有の利益が保護され、開発される手段も講じることができます。


池田　先にもふれましたように、世界統合への道程《どうてい》を考えるうえでも、決して失ってはならないのが地域の保全《ほぜん》、さらには活性化《かっせいか》です。

教授のおっしゃる、地域差をとりいれた「二元的連邦制」でいくと、「全体」と「部分」の融合《ゆうごう》、調和をかなりの程度、実現できるのではないかと思います。

この「全体」と「部分」の調和こそ、改革強化された国連が、最も根幹《こんかん》とすべき点であり、国連が絶対主権国家を相対化していく過程《かてい》のなかでも、なお諸主権国家の集合体であるところからくる、さまざまな限界を乗り越え、平和を安定したものにしていくための不可欠な条件です。

スイスの思想家ヴェルナー・ケーギは「けだし一つの世界、甲の形にせよ乙の形にせよおそらく我々の未来を成《な》すであろう一つの世界、この一つの世界も、故里という細胞群――精神生活が東でも西でもその都度《つど》その都度栄えた細胞群――が健康を維持《いじ》する限りにおいてのみ生きうる」(『小国家の理念』坂井直芳訳、中央公論社)と述べております。ここにケーギのいう「故里という細胞群」とは、それぞれの地域、あるいはそれぞれの民族に固有の文化といえるでしょう。また、「全体」に対するに「部分」ということでもありましょう。

なによりも地域は人々が現実に生活をいとなむ場であり、これが自律性《じりつせい》を失わないことが大切です。さもなくば世界の統合化は、それこそアイデンティティー(自己同一性)を喪失《そうしつ》した大量の文化難民を生みだす結果さえ招《まね》きかねないでしょう。平和という樹木も地域に根ざし、固有の文化的伝統の大地に根を張ってこそ、その果実《かじつ》が実《みの》ります。もちろん、その地のアイデンティティーをむやみに強調しすぎるのも考えものですが、だからといって、無視してしまうことはできません。大切なことは、「世界」への連帯志向《しこう》と「地域」への個性志向とが、あたかも回転運動の遠心力《えんしんりょく》と求心《きゅうしん》力《りょく》のように、調和していることです。それが、安定した平和を築くうえでも要諦《ようてい》となります。

カズンズ　まさに大切きわまるところを適切にたとえられたお話です。私が構想する方式でいえば、この地域単位のそれぞれが国連の全体総会における単位として、必然的《ひつぜんてき》に投票を迫《せま》られる唯一の議題は、共同の安全と、諸地域単位間の関係、あるいは一つの単位のメンバーたちと他の単位のメンバーたちの関係にからむ案件《あんけん》だということになります。

したがって、私の言う「二元的連邦制」とは、地域単位内の諸国の連邦であるとともに、諸地域単位のメンバーたる諸国の全世界的連邦なのです。この二元的連邦制においては、諸国と地域単位と世界連邦化した国連のそれぞれが、各自のレベルにおいて自然なる主権を行使《こうし》していくことでしょう。

つまり個々の国家は、それ独自の体制、制度、および国内事情に関するすべてに権《けん》威《い》と権限《けんげん》をもつとともに、それぞれの地域単位が、その地域のニーズとそのメンバー諸国の利害に関するすべてに、権威と権限をもつことでしょう。そうして世界連邦化した国連は、世界共同体の安全と重要なニーズに直接かかわる件で権威《けんい》と権限《けんげん》をもつことでしょう。

国連を上院と下院の……ガルトゥング博士との対談集『平和への選択《せんたく》』（毎日新聞社）の中の「国連への市民参加システム」で、「国連総会」（ＵＮＧＡ）と並行《へいこう》して活動する「国連人民総会」（ＵＮＰＡ）を第二院として創設《そうせつ》することが、博士から提唱《ていしょう》されている。

世界観の変革を粘り強く

池田　教授のその構想に、私も賛同《さんどう》します。しかし、おっしゃるような国連の世界連邦化は、ある種の人々には世界の現状を認識《にんしき》していればいるほど、そしてそれを苦慮《くりょ》すればするほど、夢物語に聞こえるかもしれません。その世界連邦化への道にすすんで身を乗り出していくには、どうしても人々の意識変革が、ことに世界観の変革が欠くべからざるものとなります。

それには、今日《こんにち》までの歴史的過程《かてい》で人々に最もなじみ深い単位である国民国家の相対化はもとより、そのほかの思考面、あるいは思考軸《じく》を見直していかねばなりません。

もちろん、人間の意識変革は〝言うは易《やす》く行うは難《かた》し〟であって、ねばり強く進めねばなりません。とくに責任ある立場の政治指導者に、そのことを強く要望しておきたいと思います。

カズンズ　私もそう思います。今日、必要なのはまさに国連の改革強化へ努力がなされるべきだと、十分な数の諸国が主張すること。これが必要なことのすべてです。

たとえば米国は、国連の構造改革こそ米国自身の対外政策の基本方針だと宣言できるはずで、実際そうしてこそ、他の国々から、大国からも小国からもともに、賛同《さんどう》が得られるという期待が理《り》にかなったものになります。

国家主権という心配の種《たね》は、たしかに政治指導者によって育てられるものです。希望は、ベルリンの壁《かべ》をとりはらい、東欧では独裁《どくさい》政治を打倒した、あの勢いを世界各地の人々がつくりだすだろうというところに、なくてはなりません。

民族の自主独立に人々が心をはずませるのなら、地上の生存条件を守れる世界統治《とうち》体《たい》が出現する可能性にも、せめて同じくらい心をはずませてもいいのではないか。こう望んでも、由《よし》なし事《ごと》ではないと思います。

池田　日ごろの私の所感《しょかん》そのままを、教授が語ってくださった思いです。チェコスロバキアの指導者ハベル大統領は、人間の意識の地球的変革が先行しなければならないとして、それなくしては環境問題であれ、社会問題であれ、文明そのものを破壊《はかい》する困難な問題には挑戦できない、と主張しています。こうした発想《はっそう》が、世界の政治指導者の間に、さらに広がることを期待したいものです。

チェコスロバキア　劇作家のハベル氏が中心となって共産党独裁《どくさい》体制を民主的に転換《てんかん》し、一九八九年末に連邦大統領に就《つ》き、いわゆる〝ビロード革命〟を推《お》し進めた。ハベル連邦大統領とＳＧＩ会長は九二年四月に会見した。その後、チェコとスロバキアの二カ国に分離し連邦は解体したが、ハベル氏はチェコの大統領に就任。

第四章　迫《せま》られる「国家観」の変革

国際政治の現場に立って

池田　これまで、国連の改革強化の具体策を話しあってきたわけですが、国際政治の現場に身を置かれたことのある教授ですから、さぞかし国家の壁《かべ》の厚さをいくどとなく実感してこられたと思います。それでもなお遠大な目標と理想の実現のため若々しい情熱をもって語られ、しかも熟成《じゅくせい》された思考を繰《く》り広げられる教授の言行《げんこう》に、あらためて私は感銘《かんめい》を深くしております。

カズンズ　国際問題における二点間の最短距離は、迷路《めいろ》であることが多いのです。そういう現実をよく理解し、問題解決のため実際に行動する政治哲学の人が、池田会長もお会いになり、対話されたヘンリー・キッシンジャー氏です。彼は理想主義者らしくふるまうことはありませんが、理想主義者と交わることはいとわない人物です。理想主義者は、彼のもとへ手助けを得るために行き、彼はしばしば、その人々に援助の道を見つけました。

私も一九六九年のことですが、ナイジェリア内戦で苦しんでいたビアフラの人々への医療援助計画にかかわった時に、キッシンジャー氏に援助を頼《たの》みました。それというのもナイジェリア内戦の交戦地域に食料や医薬品を輸送するため、アメリカ国務省から協力を得ようとしたのですが、うまくいかなかったからです。

その折に見せたキッシンジャー氏のやり方は、とてもみごとなものでした。私の見るところ彼の才能は、たとえば対中国政策で示したように、諸国間の新しい関係を樹《じゅ》立《りつ》するために意見の一致を生みだす「技師の才能」だと思います。彼は、彼自身の言うような方向を選択《せんたく》することが、人々の要求と目標へ現実に進むことになると認《みと》めさせることができる人物です。

池田 私がキッシンジャー博士に会うまえに感じていたのも、そのことでした。博士は、新しい外交のパターンを使いましたね。世界の状況は、決して固定することはありません。むしろ現在のソ連情勢、東西欧州情勢、また中東情勢に見られるように、変化のスピードはいちだんと増していると見るのが正しいのではないでしょうか。それはとりもなおさず、既成《きせい》の発想《はっそう》にしばられることなく、巨視的《きょしてき》な見地《けんち》から大胆《だいたん》なアプローチが必要なケースが多くなっていることを意味しています。

カズンズ　そうしたアプローチに、いわば最高の科学と同じくらいの厳密《げんみつ》さと集中力と熟練《じゅくれん》とがともなうならば、なおのこと望ましい結果を生みだせるでしょう。われわれ人類は現在、まさに大きな決定を迫《せま》られています。そうした危機の真っただ中にいるのです。

われわれ人間が変化への能力をそなえているか否《いな》か——そのことが問われている今日《こんにち》ですが、人間ほど順応力《じゅんのうりょく》と可変性《かへんせい》をそなえた生物はいないわけで、われわれは「変化への能力」を十分もっているのは疑うべくもありません。

「閉ざされた意識」を脱却

池田 今年（一九九〇年）七月に訪ソしたさい、ゴルバチョフ大統領は私に「核のない世界を築こう、暴力よりも対話を――と提唱《ていしょう》したとき、多くの人々は『ユートピアだ』と笑いました。けれども、見てください。今では、それが現実になろうとしているのです」と語っていました。

人間は「変化への能力」をもっているという意識の変革が、万般《ばんぱん》にわたって必要なのではないでしょうか。

たとえば、日本の歴史でも固定観念というものがいかに変化してしまうか。その一つの示唆《しさ》を私が見いだすことができるように思うのは、十九世紀後半の幕末《ばくまつ》から二十世紀初めにかけての、明治期における統一国家への歩みです。

ご承知のように、徳川期の幕藩《ばくはん》体制下にあった、かつての日本人にとっての「国」とは封建制度の「藩」のことにほかなりませんでした。藩が行政、警察、司法、外交等にわたる主権を有しており、人は藩《はん》の許可なくして藩外に出ることは許されず、藩は当時の人々にとって、絶対的かつ閉鎖的《へいさてき》な生活空間でした。民衆の意識も、ごく例外的な人たちを除くと、ほぼ三百年にわたり、その生活空間のなかに閉《と》じこめられていたわけです。

しかし、そうした閉ざされた意識も、幕末《ばくまつ》から明治への近代日本形成の過程《かてい》で、激《げき》変《へん》を余儀《よぎ》なくされました。ここに「余儀なく」というのは、かならずしも自発的にそうなったのではなく、西洋列強《れっきょう》による外圧《がいあつ》、くだっては自国政府による国家主義的イデオロギーの鼓舞《こぶ》という意図的《いとてき》な要因もあったからです。

それにくわえて明治期になってからも、旧態依然《きゅうたいいぜん》として藩意識に根ざした藩閥《はんばつ》政治などがあり、日本人の意識が実際にどの程度変わったのか疑問視する向きもありますが、なんといっても「藩」から「国家」への意識変革が短期間に、しかもドラスチック（劇的）に起きたのは否定できません。

このことから読みとれるのは、直接的な教訓《きょうくん》というよりも、むしろ示唆《しさ》なのですが、長年の障壁《しょうへき》だからといって、これからは民族意識の閉鎖性を打破《だは》することのむずかしさを、あまり強調しすぎてもならないと思います。それは往々《おうおう》にして、自己の心の閉鎖性《へいさせい》による場合が多いからです。

教授が提示《ていじ》されている国連改革強化案も、世界の諸国民が、世界観を従来の国家中心から地球規模へと変えていくための重要な提案《ていあん》と思います。

カズンズ そこで、国連改革強化の重要点としては、安保理事会を改組《かいそ》して「執行《しっこう》理事会」にする必要があると思います。

その主な役目は、総会の意向を実行し、総会の議決を施行《しこう》することです。この執行理事会の議長と副議長の選出は、理事会自体がおこなうとし、総会に承認《しょうにん》されねばならないとします。

軍縮《ぐんしゅく》会議をはじめ、国連の各専門機関──世界保健機関、食糧農業機関、国際復興開発銀行（世界銀行）、難民高等弁務官事務所等は、この理事会の管轄内《かんかつない》に入るものとします。当理事会とその諸機関の運営予算の計上は、総会の審議《しんぎ》にかけ、総会はその充当権《じゅうとうけん》および監査権《かんさけん》をもつものとします。

なお、この執行理事会は決議権も拒否権《きょひけん》も、それ自体でもたないようにするところも、前身の安保理事会とは異《こと》なるべきでしょう。つまり立法機関ではなく、国連の中心的執行《しっこう》部門にすべきでしょう。あくまでもこのような部門として立法への勧告《かんこく》はできますが、法規の制定や再審査《さいしんさ》はできないものとします。総会による立法措置《そち》についても、執行理事会による施行《しこう》活動についても、司法審査権は世界裁判所に帰属《きぞく》するものとする。こういった案を私はいだいているのですが。

池田　総会と安保理事会を改《あらた》めた執行理事会を、そのように有機的に結びつけていくのは国連の現状である跛行的《はこうてき》性格を是正《ぜせい》していくうえで、まさに傾聴《けいちょう》すべき意見と思います。いずれにせよ、その根底《こんてい》にはやはり国家観の変革、ナショナリズムに対する意識変革が迫《せま》られるわけです。

E・H・カー*も、つとにその著『ナショナリズムの発展』（大窪愿二訳、みすず書房、参照）でこのことを述べました。彼は、西洋におけるナショナリズムの発展段階を三つの時期に分け、さらに第四の時期の到来《とうらい》を示唆《しさ》しました。

第一期は君主のナショナリズムであって、主権者たる君主が「朕《ちん》は国家なり」といったルイ十四世のように、ネーション（国家）の代表のごとくふるまった時期であり、フランスの場合は大革命とナポレオン戦争をもって終わったとされます。第二期はブルジョアジー(有産階級)のナショナリズムであって、主に自由民主主義ないしブルジョア民主主義の枠《わく》のなかで動き、これはフランス革命に始まり、一九一四年の第一次世界大戦の勃発《ぼっぱつ》までつづきます。そして第三期が、いわゆる大衆のナショナリズムであるとされています。

このようにカーは、西洋のナショナリズムの流れを、政治集団としての「ネーション」に対する見解の推移《すいい》に即《そく》してとらえました。さらにカーは、第二次世界大戦で勝利した主勢力の米ソ両国が民族的ではない国名と多民族的性格をもつ国家である点に着目《ちゃくもく》して、「古い分裂繁殖的《ぶんれつはんしょくてき》ナショナリズム」は、もはや時代遅れになるだろう、つまり「第三期」までとは異《こと》なった「第四期」の段階が到来《とうらい》するだろうと予見《よけん》しました。

この書は一九四五年に公刊されたものですが、第二次世界大戦をへた人類が到達《とうたつ》すべき段階として現実の彼方《かなた》に、人類全体を一つのネーションとして大国も小国もない、ゆえにその意味では、国家中心の集団的利己主義がはばをきかすことのない世界へと向かう意識革命の可能性を、カーは望見《ぼうけん》していたように思われます。

教授の国連強化のための改革案は、このカーの言う人類の到達《とうたつ》すべき「第四期」を先取りされた構想のように感じられます。

いよいよ、カーがはるかに望見《ぼうけん》した、こうしたナショナリズムに対する意識変革の時代に入った今、新しい時代に即応《そくおう》した国連のあり方を志向《しこう》しつつ、「総会」「執行《しっこう》理事会」「国際司法裁判所」などの各機関を理想的に機能させていく方向を考えるべきときではないでしょうか。

カー（一八九二年―一九八二年）　イギリスの歴史学者、国際政治学者。パリ講和会議に代表団の随員として参加。その後、ケンブリッジ大学教授となる。「タイムズ」の論説委員、国連世界人権宣言起草《きそう》委員会委員長もつとめる。著書に『平和の条件』『危機の二十年』『ソヴィエト・ロシア史』（全十巻）など。

「国際法」から「世界法」へ

カズンズ　国連強化案として、さらに先取りした構想であって、最も包括性《ほうかつせい》に富《と》むのは、グレンヴィル・クラークとルイス・ソーンが提唱《ていしょう》した案だと思います。

この両氏の共著である*『世界法による世界平和』（ハーバード大学出版局）は、全面軍縮《ぐんしゅく》を実現し、平和を維持《いじ》できる世界機構に国連を発展させる案を提示《ていじ》しています。その過程《かてい》に介在《かいざい》する諸問題も、ことこまかに分析《ぶんせき》しています。

これは、国連憲章の改正、改正点の立法化、および施行化《しこうか》のための予定表を具体的に示しています。とともに、全世界的な軍縮を段階的に実現していく段取り、それと同時並行的《へいこうてき》に国際警察力を強化し、その乱用を完全に防止する案も、具体的に示しています。

国連に「世界法」にもとづく権威《けんい》、権限《けんげん》、機構、機関をそなえさせる具体案が示されると、それにはことごとく反対する勢力が出てきますが、その主たる勢力はおよそ二つの陣営《じんえい》に属しています。その一つは、あらゆる国が受け入れる案ではないだろうという懸念《けねん》があるかぎり、国連強化に対しては、いかなる試案《しあん》にも反対するという陣営です。もう一つは、すべての国に機会が与えられ、すべての国が受け入れられるなら、国連の世界連邦化には反対するという陣営です。

ある意味では、両陣営は共通点が多いのです。はやい話が、法にもとづく統治《とうち》の本質と目的を、いずれの陣営も認《みと》めません。世界連邦というかたちをとる統治は、これに加盟する国をえこひいきするのが目的で組織されるものではないからです。そしてまた、加盟しない国を制裁《せいさい》するのが、その主たる目的ではないからです。

世界連邦というかたちをとる統治の目的は、共同の安全のために諸国間で義務を明確にし、履行《りこう》していく理性的な、公平な、実行可能な道をつけることにほかなりません。これに加盟するのが望ましいか望ましくないかという問題は、この機構がリーグ(連盟)、もしくはコンフェダレーション（同盟）である場合にのみ起きてくるでしょう。

その理由はすでに述べたとおりですが、リーグもコンフェダレーションも独自の権《けん》威《い》が欠如《けつじょ》するため、いざという時には、かたくなに反対するか妨害《ぼうがい》する加盟国に牛耳《ぎゅうじ》られかねないからです。

しかし連邦には、妨害する加盟国がいても、それには対処する独自の手段と方策がないのではありません。

というよりもじつは、加盟国の間には自然な、あるいは不自然な論争がつねにあるだろうということを仮定してかかり、連邦の主たる役目はその種の論争が決裂《けつれつ》して戦争になるのを防ぐことだとすれば、そこにこそ、世界連邦というかたちの統治体《とうちたい》の存在理由があります。

池田 ですから、現代の文明が発達して、諸国が緊密《きんみつ》に結びついていく世界になればなるほど、国家の主権を制限する「世界法」がいよいよ必要になってきます。ところが、まさに必要な「世界法」に対するに現在の「国際法」は一種の前例、慣例《かんれい》ではあっても、紳士協定のようなものにすぎず、たとえば、国法が国民に対してもつような強制力を国家に対してもってはいません。

したがって、ある国が他の国に無理非道《むりひどう》を押しつけ侵略《しんりゃく》をおこなったとしても、それに対する拘束力《こうそくりょく》は現在の「国際法」にはありません。こういった弱点は、国家間の事件を国際司法裁判所の裁定《さいてい》にかけることが、関係国双方《そうほう》の合意《ごうい》がなければできないところに、端的《たんてき》にあらわれているといえるでしょう。

しかし幸いなことに、一定の種類の事件に関しては、かならず裁判にかけねばならないとする条約が、多国間において結ばれるようになってきています。こうした発展も、まだまだ国家間の利害をめぐる国家意思に左右されるものではありますが、それでも世界連邦的な統治体《とうちたい》のもとで執行《しっこう》されるべき世界法への道をひらく方向に、一歩踏《ふ》みだしたものといえるでしょう。そうした一歩としては歓迎したいと思います。

将来、世界法が制定されるときが来れば、今の国際法は、あたかも道徳や慣例《かんれい》が国家の法律の土台であるのと同じ役割を担《にな》うことになるでしょう。かつての帝国主義的な砲艦《ほうかん》外交が通用しなくなるとともに、国際法を重んずるようになってきた軌跡《きせき》に照《て》らしても、世界的な法体系をつくる時代が到来《とうらい》すると思います。

そのために人類は英知を結集しなくてはなりません。力ではなく法による秩序《ちつじょ》を生みだす手段をもたなければ、いつまでも人類は宿命的な流転《るてん》を打ち破る光を見いだせないにちがいない。その意味からも、国連の強化と充実、そして発展が志向《しこう》されねばならないことは明白です。

『世界法による世界平和』邦訳は高橋善昭訳で『世界法による世界平和――国際連合憲章改正案』と題して一九六二年に発刊されている。

正義と公正さの世界

カズンズ　世界連邦主義者たちは、加盟問題については、こう主張します。つまり、各国がこの国連に加盟するかどうかを考えるにあたっては、十分な考慮《こうりょ》をつくしきれるように、自由裁量《さいりょう》のはばを可能なかぎり最大に諸国に与えること。そして加盟することになっても、いついつまでに加盟しなければならないといった締《し》め切《き》り日を定めないこと。

また、加盟国になることの利害得失《りがいとくしつ》を見極《みきわ》めるまで時間をかけて、世界連邦化した国連の実際の動きを観察したいとする国が一部にあるなら、そういう熟慮《じゅくりょ》が長引こうとも、それを他の諸国は「敵意のある反対」とみなすような決めつけ方をしてはなりません。

反復《はんぷく》すると、創設《そうせつ》すべきは、恩典《おんてん》を分与《ぶんよ》する会員制の排他的《はいたてき》クラブではなくて、義務の履行《りこう》を要求する組織であり、万国からなる組織です。

一国の平和を脅《おびや》かすものが大きければ大きいほど、その国を実行可能な安全保障体制に組み入れる必要は大きいのです。法を破るものに対応する体制は、その違反者に法の適用を免除《めんじょ》するのではなくて、その無法者を野放《のばな》しにしてはおかないためにこそ、法の全機関をもちいるべきです。

問題の肝心《かんじん》かなめは、一部の国々を国連から除外《じょがい》する手段を考えだすことではなくて、まさに万国を加入させる種々の方途《ほうと》を考えだすことです。このことに関連して必要なのは、世界連邦化への提唱《ていしょう》をしぶっている状態をいつまでも自由主義陣営《じんえい》がつづけるなら、それこそ自由主義陣営とは対立的な全体主義陣営が多数派工作をして、独自の世界政府を打ちたてるかもしれないという認識《にんしき》でしょう。

そうした世界政府は、形態的にも連邦制にはなりますまい。それは、国際的に通用する正義の諸原則にもとづくこともありますまい。また、公平な代表制の規定をもうけるものにもなりますまい。

そうした世界政府は、所詮《しょせん》はその政府の最高主権を定めるにも世界の諸国民を尊重することはありません。その権威《けんい》の出てくるもとは「力」であり、強制でしょう。

池田　最近はソ連でも、グラスノスチ（情報公開）やペレストロイカ（改革）が始まり、ジョージ・オーウェル＊著の『一九八四年』も出版されたそうです。

この小説ではビッグ・ブラザー（偉大な兄）と呼ばれる独裁者《どくさいしゃ》が支配する国家のなかで、国民の行動はことごとく、テレスクリーンという、すべてを見すかせる機械システムのもとにあり、監視《かんし》されています。

しかも、この国家のなかにあっては、矛盾《むじゅん》する二つの事柄《ことがら》を両方とも同時に真実であるとする二重思考が強制され、あらゆる矛盾はそれによって解消され、またニュースピークという新言語によっていっさいの歴史が現在に合わせて修正され、書きかえられます。これらのすべてが独裁者を中心にした権力の無限保持に役立てられるわけですが、人間性を抑圧《よくあつ》する悪夢のような超管理社会を逆ユートピア仕立《じた》てにしたこの作品は、物語的誇張《こちょう》を割り引いても、まさに全体主義体制にひそむ悪の正体《しょうたい》を、十分に伝えています。

これは、決して過去のある時期の、ある特定の国、すなわちスターリン時代の抑圧社会を描いたものではない、と私は思います。自由な民主主義を標榜《ひょうぼう》する国家でも、本質的に悪の問題が政治権力にはつねに潜伏《せんぷく》しています。オーウェルがグロテスクなまでに拡大して具体的に描きだしたのは、程度の差こそあれ、また現《あらわ》れ方の違いこそあれ、権力悪に付随《ふずい》する事柄《ことがら》だといってもいいのではないでしょうか。

そのかぎりにおいては、教授のいわゆる「自由主義陣営《じんえい》とは対立的な全体主義陣営」という言葉も、特定の国家群を指《さ》すというより、世界がしかるべき連邦化へ進みえないときには、自由を脅《おびや》かす全体主義的な勢力が力を増加することを意味しているでしょうし、私はそう解したいと思います。

諸大国の指導者たちが、それぞれ自国の利益維持《いじ》のみを考えていれば、実際には民衆の願望とは正反対の、きわめて風とおしの悪い閉鎖的《へいさてき》な国際体制があらわれてくるでしょう。

そうならないためにも、諸国のリーダーは政権維持のみに没頭《ぼっとう》するのではなく、英知を寄せあって、積極的に世界平和の創出《そうしゅつ》へ努力していかねばなりません。

カズンズ　世界連邦が創出されても、それだけでは世界のすべての問題は解決しません。しかし、人的資源を開発し、正義と公正さと意義のある人生の追求という、より高い目標に向かう人材を解放するのは、世界連邦です。
　そうして、それ以外のことはいっさい達成しないとしても、世界連邦は人類の共同体に史上初めて全人類として、それ自体の声で発言させるということを、少なくともなしていくでしょう。

オーウェル（一九〇三年―五〇年）　イギリスの小説家、評論家。スペイン内戦に参加し、その詳細をつづった『カタロニア賛歌』はルポルタージュ文学の傑作《けっさく》といわれる。代表作に『動物農場』『一九八四年』等がある。

第五章　人類共同体に仕える競争

「平和憲法」の意義

池田　新しい世紀へ、「平和」と「人間」と「国連」をめぐって、カズンズ教授と有意義な意見交換をつづけられたことを感謝しております。

とりわけ後半、国連の改革強化に焦点《しょうてん》をあて話しあってきましたが、このところ国連は、中東情勢の緊迫化《きんぱくか》にともない、その役割が世界的に注目されています。また、長期の紛争《ふんそう》がつづいたカンボジアの和平のために、かつてない大胆《だいたん》な役割を担《にな》う方向に動きだすなど、平和への存在意義がクローズアップされてきております。その意味で、非常にタイムリーな対話ができたのではないかと思っております。

カズンズ　私もまったく同じ思いです。

池田　これまでは東西対立の状況のなかで、米ソなどは常任理事国の拒否権《きよひけん》を発動《はつどう》して、安保理は有効な機能を果《は》たせなくなっていましたが、東西の緊張緩和《きんちょうかんわ》と協調の新しい時代を迎えて、国連が平和維持《いじ》という本来の使命を発揮《はっき》できる状況が生まれつつあり、この事実を多くの人々が指摘《してき》しています。

カズンズ 国連の役割に期待する声が強くなっているだけに、これを全世界的な相互依存《いそん》のシステム創出《そうしゅつ》に結びつけられるかどうかが問題ですが、私は、国連を真に力ある世界的存在たらしめる改革強化への絶好の機会がきている、という気がしてなりません。

池田会長の問題提起《ていき》で、この点でも対話ができることをうれしく思っております。

池田 この対談を締《し》めくくるにあたり、今回は、世界連邦の創出と世界的な法体系づくりへの道筋《みちすじ》に関連して、日本国憲法のもつ意義に言及《げんきゅう》したいと思います。

日本国憲法は「前文」と「第九条」に明らかなように、恒久《こうきゅう》平和主義に立脚《りっきゃく》し、戦争と軍備をいっさい放棄《ほうき》するとしています。

そのために「平和を愛する諸国民の公正と信義に信頼し」自国の安全と生存を保持するとの決意も、前文で表明しています。

この決意を具体化した第九条は、「世界の憲法史上前例のない徹底した平和主義の立場を打ち出している」という評価を受けるに値《あたい》するものです。

ところが、この憲法の平和主義に関しても、その制定事情とのからみで、種々の議論が出ており、いまだにやみません。

制定事情については、当時のアメリカ占領軍《せんりょうぐん》のもとにあって国民投票の手続きもとられなかったという、その制定過程《かてい》に対する批判が多くなされてきました。またその平和主義に対しては、現実の国際環境、国際政治のなかでは、あまりにも理想主義にすぎるという声が出てきております。

しかし、戦争を廃絶《はいぜつ》する世界組織を構築《こうちく》していく方向を考えるかぎり、日本の平和憲法は世界に対して貴重《きちょう》な先駆《せんく》的《てき》役割を担《にな》う法規であると私は思っています。

カズンズ　じつは四十年以上もまえのことですが、連合国軍最高司令官のマッカーサー将軍から私に、君は日本にいて、占領軍関係の問題にかかわる顧問《こもん》をつとめないかという話がありました。*

その折、将軍が私に語ったのが、「わが生涯《しょうがい》のなかで、このうえなく誇《ほこ》りにしているのは、戦争を非合法化する条項をもりこんだ日本国憲法である」ということでした。そして将軍には、日本が人類史上、戦争行為と戦争手段を放棄《ほうき》する世界最初の国家になったことが、ことに誇《ほこ》りだったのです。

その日本国憲法の特色のなかで、マッカーサーが歴史的意義をもつものだとして信じて疑うことのなかった点が、さらに二つあります。その一つは、封建制度が終わったことを定めた条項であり、いま一つは、基本的人権に関する宣言、および司法の独立を明文化《めいぶんか》したことです。

マッカーサーは、この新憲法は究極的《きゅうきょくてき》な理想を表現しただけではなく、実際に運用していく諸原則をうたったものとしていました。

こうした戦争放棄《ほうき》等が日本国憲法にもりこまれたのも、その憲法そのものが制定されたのも、たしかに占領軍《せんりょうぐん》の方針下においてです。

しかし、その将軍が好んで回顧《かいこ》したのは、当時の幣原《しではら》首相が将軍を訪問してかわした話のなかで、日本のためになり、日本を救いきる最上の道は、国際問題の解決手段としての戦争を廃絶《はいぜつ》してこそ見いだされるという点で、ともに一致したということでした。「世の人々は、われわれを現実をわきまえない夢想家《むそうか》といって、さぞかし嘲笑《ちょうしょう》することでしょう。されど百年後には、先見《せんけん》の明《めい》があったのは、われわれのほうだといわれるでしょう」と首相は述べたそうです。

マッカーサー将軍は、私にこう述べました。

「もしも日本が、その憲法を放棄《ほうき》して世界の核軍拡《ぐんかく》競争の仲間いりをすることがあれば、すでに核兵器を保有している国がいずれも安全ではないように、日本も安全ではなくなるだろう。核軍拡競争に勝つ道がないのは、死に急ぐ心中《しんじゅう》（相互自殺）への競争には勝つ道がないのと五十歩百歩である。アームズ・レース（軍拡競争）に終止《しゅうし》符《ふ》を打たずば、ヒューマン・レース（人類自体）に終止符を打たれるだろうということを、諸国が認識《にんしき》せねばならぬのは、もはや雲《くも》りなきことである。日本国憲法は世界の他の国々にとってのモデルである。だれにとっても、安全へのデザインを提示《ていじ》するものである」

池田　それは、いみじくも、当時のマッカーサー将軍の面影《おもかげ》を彷彿《ほうふつ》させるエピソードですね。将軍のその言《げん》は期せずして、日本国憲法の誕生《たんじょう》には占領軍側《せんりょうぐんがわ》の強い意向《いこう》が働いていたことを物語っています。

しかし「押しつけられた」要素があるにせよ、よいものはよいと多くの人々は考えており、それこそ人類史的アプローチによって、この画期的《かっきてき》な憲法の位置づけをはかっていかねばならない。トインビー博士は、歴史を研究するなら世界史を――と訴《うった》えていました。

未来に開かれた人類史的な行き方が必要なのは、今を除いてはありません。とくに徹底した平和主義が明文化《めいぶんか》され、最近は形骸化《けいがいか》がいわれながらも戦後、半世紀近く存在してきたことの重みをしかるべく評価すべきです。

今日《こんにち》では、この憲法の精神を普遍化《ふへんか》する試《こころ》みこそ、ますます必要な時代に入っており、時代を先取りした平和憲法は長い目で見れば、世界の安定をもたらす機構づくりにも、大いにモデルたりうる法規だと思うのです。

カズンズ　同感です。この時代にこそしかるべき時点で、世界に緊張《きんちょう》関係をもたらす根本的理由に思いをいたして、科学的に真の平和を形成する機構づくりに向かわねばなりません。その点、現代の世界に関していちばんあきれることは、世界組織の構造上の必要には本気では取り組んでこなかったことです。

そもそも国連の発足時に、国連を背後からささえていた一般理念は、国境を超越《ちょうえつ》した諸国の行動のための法規が打ち出せるのではないか、ということでした。この法規の打ち出しが、いまだに十分に明確化されていないのです。

マッカーサー（一八八〇年—一九六四年）アメリカの軍人、元帥《げんすい》。連合軍の方面総司令官として太平洋戦争を指揮し、日本の敗戦とともに連合国軍最高司令官として着任。民主化・非軍事化などの対日占領《せんりょう》政策を遂行《すいこう》した。

世界世論という勢力の台頭

池田　今、「ポスト・ヤルタ」体制が、時の声になっていますが、思えば、戦後史を形成したヤルタ会談やそれに先立つダンバートン・オークス会議を主導していたルーズベルト大統領の理想主義が、その後、退潮《たいちょう》を余儀《よぎ》なくされた記憶《きおく》が私たちにはあります。

当時にあっても、スターリン首相の大国主義的発想《はっそう》などがしばしば顔をのぞかせ、虚々実々《きょきょじつじつ》の駆《か》け引きとなったため、ルーズベルト大統領をいらだたせたというのも、事実でしょう。

しかし、ヤルタ会談にのぞむにあたっては、「友を得る唯一の道はみずからが友となることである」(『エマソン選集』2、入江勇起男訳、日本教文社)という詩人思想家エマーソンの言葉を座右《ざゆう》の銘《めい》としていたルーズベルト大統領の存在と積極的な行動が、国連創出《そうしゅつ》の牽引力《けんいんりょく》になったことは間違いありません。

西側の現代史家の多くは、大戦後の世界秩序《ちつじょ》を「冷戦構造《れいせんこうぞう》」として決定づけて、ヤルタ会談は失敗だったと見なしてきましたが、今「ポスト・ヤルタ」時代、さらには「ポスト冷戦」の時代を迎えてみると、ルーズベルト大統領の積極性にみちた理想主義的な取り組みもふくめ、あらためて見直されるべきかもしれません。

カズンズ　その積極性が、今日《こんにち》では無制限の主権をもつままにきた国家がつくった壁《かべ》を、いかにして打ち破るかという点に発揮《はっき》されるべきです。

今では国家が、その歴史的役割を演じるにしても、新たな手段を打ち出していく必要があります。「力」があれば、それが国家の安全の基《もとい》になるということがもはや通じない時代であるなら、「力」に代わる「何か」がそこにあってこそ、人類社会が存《そん》続《ぞく》でき、機能していける条件が確立されるでしょう。

弱い者いじめにあう個人が、あるいは集団もそうですが、無法者《むほうもの》に対する場合は、十分な数の民衆がまず団結することです。そしてありあわせの条件をかんがみて、いかに自衛するか、共同の安全のために不可欠な新方策、新手段をいかに確立するかを決めねばなりません。

こうして存立《そんりつ》される新たな力は、最も自然なかたちの力であるべきです。そうなるには、人類の意志が結集されている力、総意の力でなくてはなりません。そこから、人類社会の新たな基礎を築く活力が出てきて、はずみがつくでしょう。またこれまでは規制されないままきた「力」をチェックできる手だても出てくるでしょうし、これらのすべてが、諸国の関係や交流においては正義の体系に、司法制度に組み込まれていくでしょう。

池田 教授は、人類の意志を結集した「最も自然なかたちの力」による安全確保をと言われましたが、それには私も全面的に賛成です。ところで、そうした秩序《ちつじょ》をささえる普遍《ふへん》原理、法則として「自然法」「自然権」という考え方があって、ギリシャの昔以来、さまざまな変遷《へんせん》をたどってきました。

近代には唯物論《ゆいぶつろん》等からの攻撃もあり、評価されない時代がありましたが、アメリカの「独立宣言」やフランスの「人権宣言」等は、自然法的発想《はっそう》を抜きにしては考えられません。現代でも、否《いな》、現代なればこそ、新たな角度からスポットがあてられてしかるべきでしょう。

過去においても、かのナチスに見切りをつけてアメリカに亡命《ぼうめい》したアインシュタイン＊が、一九三四年（昭和九年）の段階で、日本の雑誌に論文を寄せ、戦争や暴力、破《は》壊《かい》、恐怖《きょうふ》といった第一の道ではなく、新しい第二の道である国際秩序《ちつじょ》による「平和的決定の道」を訴《うった》えております。

すなわち「第二の道に対してはまだ諸国民の意識は熟していません。諸国民は言い難《がた》い苦悩《くのう》と、言うべからざる悲哀《ひあい》にまだまだ耐えなければならないのでしょう。諸国民が自由意志をもってその主権の一部を放棄《ほうき》して、十分に強力な国際執行《しっこう》権力を創設《そうせつ》し、国際裁判所を成立せしめ、その判決の実行を強制するまでに熟するにいたるまでは」（金子務『アインシュタイン・ショック②』河出書房新社）――と。

私は、アインシュタインのような国際的、ひいては宇宙的《うちゅうてき》な広がりをもつ人格であってこそ、現代における自然法的発想《はっそう》を生かすことができると思えてなりません。

この半世紀あまり、人類はじつに「言いがたい苦悩と、言うべからざる悲哀」をなめつくしてきました。アインシュタインの先駆的《せんくてき》発言がうながしているように、もうそろそろ成熟《せいじゅく》しなくては、人類史の舞台は暗転《あんてん》していくばかりであることに、気づかねばなりません。

カズンズ その意味での成熟《せいじゅく》が、まさに必要です。それには超克《ちょうこく》すべきパラドックス（逆説）がともないます。かつては国家が個人に保障していた安全を、こんどは国家を超《こ》えた「何か」が保障するように、その「何か」を個人は創出《そうしゅつ》したいのですが、実際にこれを創出するにあたり、個人が有する唯一の手だては、やはり国家です。国家それ自体なのです。個人がよって立つ確かな足場は、国家の内にしか見つからない。ゆえに、この自家撞着《どうちゃく》を超克し、国家の外にいながら個人が有力になれるには、いかにすべきかという問題に帰着《きちゃく》しますね。

発想《はっそう》としては「国家を超える自然法」という考え方があるように、「国民を超える自然意志」という考え方があってもいいでしょう。

今、世界に出現しつつある勢力は、世界世論という勢力です。この勢力は今のところはまだ、正式な表現の回路《かいろ》も機関ももちえてはいません。にもかかわらず、これは進展しつつある新たな力であり、ますます世界の人々の耳朶《じだ》にふれるものになりつつあります。

アインシュタイン（一八七九年—一九五五年）　ドイツ生まれのアメリカの物理学者。「光量子の理論」の研究でノーベル物理学賞受賞。第二次大戦後は、核兵器廃絶《はいぜつ》と世界連邦達成のために尽力。十一人の科学者によって発表されたラッセル＝アインシュタイン宣言（平和声明）は、その後の科学者の平和運動に大きな影響を与えた。

「第三世代」の人権思想

池田 国家を超越《ちょうえつ》したところに法の秩序《ちつじょ》をさぐりあて、それによって平和や人間の尊厳《そんげん》を守ろうとする動きは、萌芽《ほうが》のようなものですが、たしかに見られます。たとえば、「世界人権宣言」や「国際人権規約」等がそうです。

「ジェノサイド条約」なども集団殺害を、平時《へいじ》、戦時《せんじ》を問わず、国際法上の重大犯罪としております。

国際司法裁判所の決定が強制力をもたない点などは、いまだ道遠しの感もありますが、かといって、そのような機関をまったく無視し、世界世論を敵にする、あからさまな武断主義《ぶだんしゅぎ》に走ることは、もはや自暴的《じぼうてき》な行為になっています。

最近の軍縮《ぐんしゅく》の流れは、その背景に反戦平和の世論の力があったことを忘れてはなりません。

カズンズ 世論はまた国家内でも、何が正義か、何が道義的《どうぎてき》争点で最重要かといった問題にかかわるときに、その力を最大に発揮《はっき》します。同様に世界世論も、道義《どうぎ》が問われたり、人命の安全を守る理性的手段にかかわってくる大問題では、人々にその力強さを感じさせることができます。

自由主義社会の個人にとっては、国家のことのみには終わらない大義に行使《こうし》される自由ほど、意義のある自由はありません。かかる社会の個人は、国家内の総意を形成するために国家内のその足場を活用できます。

それがおよんでは、その国家をして、秩序《ちつじょ》ある国際社会を形成していく運動に参加せしめ、効果をもたらすような総意へと発展させていくこともできるでしょう。

池田　その点、アメリカは哲学界が中心となり「正義論のルネサンス」と呼ばれる現象が起きているということも聞いています。

何が正義かという問題も、プラトンの『国家』の副題が「正義について」であるように、人類史の永遠の課題《かだい》です。イデオロギーの終焉《しゅうえん》にともなう価値観《かちかん》の混迷《こんめい》は、最近のソ連の青年たちの世論調査で、共産主義の未来を信じている者が八パーセントにすぎなかったという事実に見られるように、洋の東西を問わず起きる世界的現象のような気がします。

何が正義か──この点で、世論が力を発揮《はっき》するというご指摘《してき》に私も共鳴《きょうめい》します。民衆への信頼なくしては、新しい世界秩序《ちつじょ》づくりは望むべくもなく、もしつくられたとしても、それは砂上《さじょう》の楼閣《ろうかく》のようなものだからです。民衆世論は、仮《かり》に一時的な錯誤《さくご》をおかすことがあっても、長い目でみれば、また正しい情報が与えられれば、おおむね正しい方向を選び取るものです。

教授とは知己《ちき》のジョージ・ケナン氏の古典的名言に「デモクラシー・ファイツ・イン・アンガー」(「民主主義は、怒《いか》りのなかでは闘う」の意)とあります。

これは正義、不正義という道義《どうぎ》の問題に敏感《びんかん》なアメリカの世論の力と志向性《しこうせい》を端的《たんてき》に言いあらわした言葉と思います。

民衆の声がグローバルな広がりと連帯をもつことこそ、新たな世界秩序形成の主要な条件です。

今日《こんにち》では、道義性の核ともいうべき人権感覚の広がりは顕著《けんちょ》です。自由権的な基本権を中心にした「第一世代」、そして生存権的な基本権を中心にした「第二世代」の人権思想に対して、平和や環境等で国際的連帯を不可欠とする「第三世代」の人権思想が、今や世界の潮流《ちょうりゅう》になりつつあり、新たな世界秩序《ちつじょ》へ向かうグローバリズムの台《たい》頭《とう》を予感させていますね。

カズンズ　実際、そのグローバリズムが民衆のなかから澎湃《ほうはい》としてわきあがり、世界の主潮流となっていかねばなりませんね。

その一方、民衆の総意のもとに国家が秩序ある国際社会を形成していく運動に参加するのは、国家主権の解消を意味するのではないか、との反問が出てきましょう。

それに対しては、かならずしもそうではないと言うべきです。なぜなら、結果的にそれは、国家主権のなかでも絶対主権の解消のみを意味するにちがいないからです。

つまり国家主権といっても、絶対主権と相対主権との二種類があるからです。

絶対主権の特質は、次のように要約されるでしょう。すなわち、世界の紛争《ふんそう》や問題に関する件で世界機構が強制的な管轄権《かんかつけん》を発動《はつどう》しても、国家はそれに従《したが》わない。

また、国家はその軍事方針を世界機構にはゆだねない。また、国家は、世界法のもとにあっては国家の唯一の頼《たの》みのつなは国際司法裁判所であるのに、世界法の法体系づくりには事前には応じない。要するに絶対主権というものは、国家が条約を建前《たてまえ》にした話しあいには積極的でも、情勢のいかんによっては撤回権《てっかいけん》を主張するということを本音《ほんね》としているわけです。

「絶対主権」を超える構想

池田　そのような絶対主権の傾向は、権力一般がやどしている本性《ほんせい》でもあり、「権力の魔性《ましよう》」というべきものです。

かつてホイジンガが、「国家にはすべてが許される。誠実を誓った約束も、権力にとって利益ではないと判断すれば、これを破ってもかまわない。嘘《うそ》をついても、欺《あざむ》いても、暴虐《ぼうぎやく》のかぎりをつくしても、外に対するばあいであれ、内におけるばあいであれ、国家がそうするのであるならば、悪いことだと咎《とが》められることはない」(『朝の影のなかに』堀越孝一訳、中央公論社)としたのも、糾弾《きゆうだん》されるべき「国家悪」を突いています。

二十世紀には、その種の権力が、凶暴《きようぼう》な魔力《まりよく》をふるい、人間の内面世界にいたるまで、ズタズタに切り裂《さ》いてきました。「国家」が「社会」をのみつくし、おおいつくしてきた悲劇《ひげき》を思うと、今日《こんにち》ほど権力の魔性を封印《ふういん》するための精神的、制度的課題《かだい》がさせまっている時代はありません。

カズンズ 私が『権力の病理』と題する一書をあらわしたのも、その課題《かだい》を最重要視しているからです。そのなかでもふれましたが、絶対主権国家がなくなった世界では、世界機構が各国家の自主独立と相対主権を保障できます。その相対主権とは、国家内における生活と活動の仕方に関する管轄権《かんかつけん》は、国家が保持しうるということです。世界を安全な状態にするためには、国家そのものの解体が必要ということではありません。

必要なのは、国家主権を有意義なものにすること、つまり世界の無政府状態を助長《じょちょう》する国家主権の諸属性《しょぞくせい》については、これを除去《じょきょ》し、国家責任を助長する諸属性については、これを確保し保障することです。

池田 戦後、長らくつづいた冷戦構造《れいせんこうぞう》下での「パックス・ルッソ・アメリカーナ」と呼ばれる秩序《ちつじょ》は、軍事力を背景にする「力」によるもので、永続性はもちえませんでした。

その軛《くびき》がとりはらわれると、抑圧《よくあつ》されていた民族的エネルギーがいっきょに噴出《ふんしゅつ》してくるのは、当然の帰結《きけつ》です。「国家」と「民族」はもちろん、そのまま重なりあうものではありませんが、「国民国家」という近代の所産《しょさん》を新たな世界秩序《ちつじょ》のなかに、どう位置づけていくかという課題《かだい》はさけては通れません。

ソ連の「ペレストロイカ」（改革）にしても、当面の最大の難題は経済の再建ですが、長期的な尺度《しゃくど》で考えると、バルト三国やアゼルバイジャン等の「民族」の問題のほうが、より重くなってくるかもしれません。

これも、スターリンのおこなった強引《ごういん》な民族政策に起因《きいん》してきているので、その解決に拙速《せっそく》だけはさけなくてはなりません。時間をかけてねばり強く取り組むことが、いちばん肝要《かんよう》です。

カズンズ　われわれは皆、いかなる民族や国家に属していようと、まったく相反《あいはん》する二つの世界のなかで生きております。この二つの世界の一番手は古来《こらい》なじみ深く、現に目《ま》のあたりに見えていて、火がつきやすく、手に負《お》えない世界です。ここでは民族がこれまでどおり、民族としての行動を起こします。

二番手の世界は、まだ新しく複雑にして、要求も厳《きび》しく、処《しょ》しがたい世界です。とともにまた危険もあれば、すえ頼《たの》もしい世界ですが、すっかり変わりつつある世界です。この新たな世界では、地球と人間のまず物理的関係が変わってしまいました。広大な距離感もなくなりました。人類の新たな地平《ちへい》と「力」が、触知《しょくち》できる限界をほとんど知らなくなっているのです。

こういったなかで、最も由々《ゆゆ》しい事実は、古来《こらい》の民族問題もさることながら、核のスイッチが押されると、民族も国家もすべてまるごと、地球から抹消《まっしょう》されてしまうということでしょう。

こういう新世界であるかぎり、われわれ全員に課《か》されている条件は厳《きび》しいものです。第一に高度な英知が要求されます。いつまでも緊張《きんちょう》関係にある緊迫《きんぱく》した情勢のなかに、この世界を放置してはおけないからです。この世界が客体なら、みずからは動きださないでしょう。われわれが主体なら、世界を動かさなくてはなりません。しかし、それは動かす人たちが、自分たちがやっていることをよくわきまえていないといけません。

この意味では、最高の科学と同じくらい正確さと、集中力と熟練《じゅくれん》を要する仕事であり、厳《きび》しい課題《かだい》です。

こういった世界において緊張《きんちょう》と重圧をいちばんかけるものとなり、緊迫点《きんぱくてん》を生じているものが、国家の絶対主権です。

今、述べた新旧二つの世界が争いあうのも、この緊迫点においてでしょう。民族あるいは国家にとって、陰謀《いんぼう》には陰謀を、策略《さくりゃく》には策略を、自国の利益を、そうして力の均衡《きんこう》をという古い世界にあっては「力」や「力の誇示《こじ》」によって、絶対主権を主張することが、いかに筋《すじ》が通り、自然かつ当然と思われようと、もう一方の新たな世界での変わりはてた諸条件が、国家の絶対主権を行使不能《こうしふのう》なものにします。

過去において絶対主権の最高の成就《じょうじゅ》であった軍事的勝利は、今日《こんにち》においてはもはやありえません。「国民国家」であれ、「民族国家」であれ、国家が軍事的な力を行使することは、もはや「戦争宣言」や「戦争遂行《すいこう》」にとどまらず、核戦争に結びつく「集団心中《しんじゅう》」の宣言であり、遂行なのです。

結語に代えて

池田　ようやく米ソ冷戦《れいせん》の終結が、世界にとって大きな過渡期《かとき》をもたらしました。最近ではヨーロッパ情勢とからめて、しばしばエネミーレス（敵性対象の消滅）という言葉が使われています。今までのように東西間に仮想敵国《かそうてきこく》を想定《そうてい》できず、安全保障自体の問い直しが始まっています。

すなわち、軍事同盟型の安全保障策というものが、意味をもたなくなってきているわけです。その空白《くうはく》に、さまざまな利害による動きがありますが、これがさらに進んでくれば、軍事力や軍隊はいったい「何のため」の存在かということになり、そこから思い切った共存の道が開ける可能性が生まれてくるでしょう。

絶対主権を主張し、国と国が「力」によって張りあう状況が今、こうして徐々に崩《くず》れさっています。

カズンズ　わずか数年前なら民族にとっては、みずからの権益《けんえき》を求めるうえでとるべき、当然にして必然《ひつぜん》の行動と見られたものでも、今ではもはや意味をなしません。

いや、それどころか、そうした行動こそ、地球というこの惑星《わくせい》に核の火口《かこう》をつけるのに、いちばん手っ取りばやい仕方になってしまうでしょう。われわれは皆、二つの相反《あいはん》する世界に生存しているだけに、余儀《よぎ》ない代価《だいか》をはらっております。もろもろの決め事は、古い世界の水準でなされるかもしれませんが、その結果は、新しい世界に生じてきます。

自己の権益《けんえき》という歴史的な考えに主導されている民族も、その主たる力を失うだろうということをすみやかに悟《さと》るかもしれません。なぜなら、この新しい世界において行使《こうし》できる力は、民族が地球上のさまざまな民衆に伍《ご》していて発揮《はっき》しうる指導力と、その民族の道義上《どうぎじょう》の立場と、新たな現実を認識《にんしき》する能力と、力そのものを行使するのではなく制御《せいぎょ》しようとする志向《しこう》によってこそ、真価をはかれるものだからです。

もちろん、この新しい世界に生きるということは、現に脅威的《きょういてき》なイデオロギーが存在しているのを無視してもいいということではありません。そうではなくて、まさにその種のイデオロギーに対抗する新たな道を切り開いていかねばならないということです。

つまり、これまでは冷戦構造下《れいせんこうぞうか》での「パックス・ルッソ・アメリカーナ」といった秩序《ちつじょ》を、軍事力を背景にして維持《いじ》してきた米国とソ連にしても、これからは意義のある競争のなかでも最大に意義のある競争、すなわち人類共同体につかえる競争に向かうよう、たがいに挑《いど》みあえるということに意義があります。おそらく勝利は、この面においても得られるにしても、その他の面では決して得られないものです。

およそこういったことが、この新たな世界から課《か》せられている基本的な条件です。国家の個々の市民は、この新たな世界が突きつけている要請《ようせい》に応《こた》えていかねばなりません。

今日《こんにち》こそ全員が寄り来《き》って「人類党」をささえ、全世界に正気《しょうき》と安全の状態をつくりだす時です。そうしてこそ、安全でいられる唯一の道が生まれ、個人も安心できるというのが、この場の私たちの結論だと思うのですが。

池田 まったく同感です。「汝須《なんじすべから》く一身の安堵《あんど》を思わば先《ま》ず四表《しひょう》の静謐《せいひつ》を禱《いの》らん者か」（御書三一ジペー）――自分の身の安全を考えるなら、まず、全世界の平和を祈るべきである――これが、仏法の精神だからです。

また、ただいまのお話のなかで「現に脅威的《きょういてき》なイデオロギーが存在しているのを無視してもいいということでは」なく、「その種のイデオロギーに対抗する新たな道を切り開いていかねばならない」と言われましたが、その点にも私は深く賛同《さんどう》します。今日《こんにち》の世界は、そうした危機を超《こ》える機構が要請《ようせい》されることを映《うつ》しだしているからです。

さらに申せば、思想には高低、浅深《せんじん》があり、これはしかるべく弁別《べんべつ》されていくのではないでしょうか。目的観、生命観、世界観において、高くて深く正しい思想をもって、人間の存在意義そのものを探求《たんきゅう》しなおしていくことになると思います。意識変革の道においても、究極的《きゅうきょくてき》には「良心」の柱となる人間精神の本源《ほんげん》へ、そしてその表現としての思想へと光があたっていくでしょう。

してみると、思想的にも至高《しこう》の道へ転換《てんかん》していくことが、まさに「今日の要《かなめ》」ですね。

カズンズ　まさに、然《しか》りです。

あとがき

池田大作

ノーマン・カズンズ氏は、昨年（一九九〇年）十一月三十日、急逝《きゅうせい》された。もとより私にとっても、突然の逝去《せいきょ》だった。この対談集への「序文《じょぶん》」がロサンゼルスから、同月十九日に送られてきて、拝見《はいけん》した直後のことであった。

以来二カ月、私の胸中《きょうちゅう》には、なお言葉に表しえないものがある。

しかし「人生最大の悲劇《ひげき》は死ではなく、生きながらの死である。生あるうちにわれわれの内面のものが死に絶《た》える。これ以上に恐《おそ》ろしい人生の悲劇はない。大事なことは、生あるうちに何をなすかである」というのが氏自身のふだんの言葉だった。ロサンゼルスでの私との対談は三度におよぶが、そのなかでも氏は二度、この言葉を繰《く》り返された。

これはたんなる名言《めいげん》ではない。みずから生死の意義を一身に体現し、生をまっとうする覚悟《かくご》の人だったればこそ、ノーマン・カズンズ氏はそう語り、万人《ばんにん》を励《はげ》ましてやまなかったとの感を、私はあらためて深くする。

その生涯《しょうがい》七十五年、それにしても多忙《たぼう》をきわめる人だった。そのなかにあり、五十歳を過ぎて、難病《なんびょう》を二度わずらわれた。

はじめは膠原病《こうげんびょう》、次は六十五歳で心筋梗塞《しんきんこうそく》、いずれの場合も九死《きゅうし》に一生を得るという体験をされ、しかもそれが自分の意志による克服《こくふく》だったことは、その体験記の邦訳書『死の淵《ふち》からの生還《せいかん》』『私は自力《じりき》で心臓病を治した』等により、日本でも知る人が少なくないだろう。

思うに、カズンズ氏は六十五歳以後、みずからの意志で寿命《じゅみょう》をあたかも十年延《の》ばされたといえるのではなかろうか。

かさねて言えば、最初の対談で冒頭《ぼうとう》に氏が述べられたことを思い出す。それは私の懇談的《こんだんてき》な語りかけに答えられたのであったが、氏はこう語られた。

「自分の人生を建築家が精密《せいみつ》に図面を引いて設計するようには考えなかった。それでも十年単位のプランを立て、最初の十年は音楽に、次の十年は科学・医学に、さらに著作、ジャーナリズムに、最後の十年を哲学に、と考えていた。しかし『サタデー・レヴュー』誌に長くかかわるようになり、三十五年間をジャーナリストとして送ることになってしまった。そのあと医学に移った。まだ二つの分野が残されているが、だいたい計画どおりに進んでいると思う」

そういう氏の生き方が、私にはよく理解できた。ゆえに私も、「十年単位に何らかの目標をもって生きてきたし、二十代、三十代、四十代といった節々《ふしぶし》の生き方を人にも訴《うった》えてきたつもりである。そうしたこととも符合《ふごう》する氏の生き方は深く私の胸に刻《きざ》まれる」旨《むね》を申し上げた。

そのとき、私が直覚《ちょっかく》したのは、「ここには専門家がはばをきかす現代においてルネサンス人（全体人間）たらんと志《こころざ》してきた人がいる」ということであった。

その一生をカズンズ氏は、言論人としてつらぬきながらも、ペンの力だけによらないところがあった。その点も、私にはよく理解できる。

すなわち氏の言論には絶《た》えず行動がともない、平和と人権のため東奔西走《とうほんせいそう》するなかに他者との対話がともなった。氏は行動的な思想家であったと私は思っているが、その行動をささえた思想はいったい何であったかを、ここで私は考える。

人間は各自が深い精神的可能性を秘《ひ》めている。このことを仏法は「十界論《じっかいろん》」によって解《と》き明かしているが、人間の心のさまざまな可能性をカズンズ氏自身が縷々《るる》語られるとき、仏法の人間観、生命観に通じる点があまりにも多く、私は氏の信条にいくども共鳴《きょうめい》の念《ねん》を禁じえなかった。

今かえりみるに、氏が信頼してやまなかった人間の可能性のなかでも、最大に重要としなければならぬのは、人間は「たがいに協力してこそ、他者を理解できる」という一点だろう。

これはいうまでもなく、人間は「たがいに理解してこそ、他者と協力できる」というのを、まったく逆転させた思想である。

ひるがえって現代は、人間が自然を破壊《はかい》していると同時に、人間自体が自分自身の全一体性を分裂《ぶんれつ》させている。ことに人間自体内の分裂に関しては、現代テクノロジーの加速的進歩により、科学者対文学者、技術者対芸術家、専門家対非専門家、エリート対民衆の不調和が憂慮《ゆうりよ》されてきて久しい。

カズンズ氏と私が、もとより世界の平和を主題にしながら、胸奥《きょうおう》においてめざしていたのは自然と人間の、そして同時に人間と人間の、相互性の確認《かくにん》であり、その実現であった。

これを言い換《か》えれば、今日《こんにち》強まっている相互依存性《いそんせい》を尊重しなければならぬということである。

私は忘れない。

四年前（一九八七年）の二月、初めてノーマン・カズンズ氏が、ステーション・ワゴンを運転し、開所《かいしょ》したばかりの創価大学ロサンゼルス分校に出向いてきてくださったときのことを。

そのときのカリフォルニアの空の青さを。

氏の青年のような足どり、しなやかな体軀《たいく》を。

一旦《いったん》論ずれば、詩心《しごころ》と哲学と信念に充《み》つ明快《めいかい》な氏の言々《げんげん》を。

ともに、海のように深く、陽《ひ》のように暖《あたた》かく、しかも、ユーモアを湛《たた》えたまなざしを。

訃報《ふほう》の翌日、私は日本にいて冬の青空を眺《なが》めながら、氏が実現しようとしたものまで埋葬《まいそう》されてはならない、との思いを固めた。

折しも今、中東の湾岸に暗雲《あんうん》たれこめるときだけに、この対談で論じあった国連改革の緊要性《きんようせい》を強く訴《うった》えたい。

一九九一年一月三十日　香港にて

〈略　　歴〉

ノーマン・カズンズ（Norman Cousins）

1915年、アメリカに生まれる。コロンビア大学卒業後、30年間、「サタデー・レヴュー」誌の編集長。この間、ケネディ大統領の特使として、ソ連のフルシチョフ首相と会い東西の対話を推進。また、世界連邦主義者世界協会会長に就き、国連の強化に当たる。カリフォルニア大学ロサンゼルス校(U-CLA）医学部教授を歴任。著書は『ノー・モア・ヒロシマ』『人間の選択』など多数。1990年に没。

池田大作（いけだ　だいさく）

1928年（昭和3年)、東京に生まれる。創価学会名誉会長。創価学会インタナショナル（SGI）会長。主な著書に『人間革命』(12巻)、『21世紀への対話』（A・トインビーとの対談)、『闇は暁を求めて』(ルネ・ユイグとの対談)、『21世紀への警鐘』（A・ペッチェイとの対談)、『私の人間学』『私の世界交友録』など多数。

聖教文庫――203〈G78〉

世界市民の対話
平和と人間と国連をめぐって

2000年6月30日発　行

著者――ノーマン・カズンズ
池田大作

発行者――白井　昭

発行所――聖教新聞社
〒160-8070 東京都新宿区信濃町18
振替　00150-4-79407
電話　(03)3353-6111(大代表)

印刷所――大日本印刷株式会社

聖教文庫発刊のことば

我が国は、世界で有数の出版文化を誇る国である。なかんずく、廉価にしてハンディな文庫本の普及は、世界の古今の英知を、大衆に親しみやすいものとした。今日の日本の読書人は、その大半が文庫本を通して、プラトンを知り、シェークスピアに親しみ、マルクスを学んだといってよい。小さな文庫本が、我が国の知的風土の形成に果たしてきた役割りは、きわめて大きいというべきであろう。

ここに世に問う「聖教文庫」も、このよき伝統を継承して企画されたものである。だがその意図するところは、世界の英知を紹介することに主眼を置いた、既刊の文庫とは同じでない。むしろ、その本義は、我が国の精神的基盤となってきた仏教の英知を再開発し、ひろく世界に、現代社会に提供せんとするものである。

二十世紀も後半にさしかかった現在、人類文明は、技術、産業の発達による絶頂期にあって、しかも、内面には深い苦悩と病根をひろげている。人間精神は貧困に陥り、矛盾と混迷は、ますます、その度合いを強めている。人間は、自ら生み出したカオスのなかに、自己の主体性を喪失し、未来の生存の途をすら見失おうとしている。この現代の人類が当面する最大の課題に対し、解決の起点は一体いずこに求むべきであろうか。——我々は、それを、東洋そして日本の人々の生命を潤し、深い英知の源となってきた仏法哲理に見い出した。

それは、かつて形式化の弊に陥ってより、久しく顧みられることがなかったが、その地下には汲めども尽きぬ偉大な水脈が滔々と流れていたのである。この文庫の一冊一冊が、豊かな水流を吸い上げるささやかなオアシスとなり、旅ゆく人々に生命の糧を与えることを、心から念じてやまない。

昭和四十六年四月

聖教新聞社

聖教文庫の既刊本

●緑G——小説・詩歌・随筆等

- 小説人間革命(上)(下)　戸田城聖著
- 人間革命 全十二巻　池田大作著
- 小説日蓮大聖人 全二十二巻　湊　邦三著
- わたくしの随想集　池田大作著
- 私の人生観　池田大作著
- わが友へ　池田大作著
- 若き友へ贈る　池田大作著
- 私はこう思う　池田大作著
- 私の提言　池田大作著
- 文明・西と東　C・カレルギー／池田大作
- きのうきょう　池田大作著
- 家庭革命　池田大作著
- 婦人抄　池田大作著
- 青春抄　池田大作著
- 随筆人間革命　池田大作著
- 詩集青年の譜　池田大作著
- 私の履歴書　池田大作著
- 創造家族　池田大作著
- 中国の人間革命　池田大作著
- 古典を語る　池田大作／根本　誠
- 二十一世紀への対話(一)　A・J・トインビー／池田大作
- 二十一世紀への対話(二)　A・J・トインビー／池田大作
- 二十一世紀への対話(三)　A・J・トインビー／池田大作
- 二十一世紀への対話(四)　A・J・トインビー／池田大作
- 人間革命と人間の条件　A・マルロー／池田大作
- 四季の雁書　井上　靖／池田大作
- 忘れ得ぬ出会い　池田大作著
- 私の人物観　池田大作著
- 人生抄・池田大作箴言集　池田大作著
- 心に残る人びと　池田大作著
- 闇は暁を求めて①　ルネ・ユイグ／池田大作
- 闇は暁を求めて②　ルネ・ユイグ／池田大作
- 闇は暁を求めて③　ルネ・ユイグ／池田大作

●緑G──小説・詩歌・随筆等

「生命の世紀」への探求	L・ポーリング 池田大作
社会と宗教(上)	B・ウィルソン 池田大作
社会と宗教(中)	B・ウィルソン 池田大作
社会と宗教(下)	B・ウィルソン 池田大作
人生問答(上)	松下幸之助 池田大作
人生問答(中)	松下幸之助 池田大作
人生問答(下)	松下幸之助 池田大作
二十一世紀への人間と哲学(上)	J・デルボラフ 池田大作
二十一世紀への人間と哲学(下)	J・デルボラフ 池田大作
大いなる魂の詩(上)	C・アイトマートフ 池田大作
大いなる魂の詩(下)	C・アイトマートフ 池田大作